Otto W. Bringer

Das Rätsel Frau

Nur – weil sie anders ist?

Copyright: © 2016 Otto W. Bringer
Satz: Erik Kinting
Titelgestaltung vom Autor

Erschienen bei tredition GmbH, Hamburg
978-3-7345-8429-9 (Paperback)
978-3-7345-8430-5 (Hardcover)

Das Werk, einschließlich seiner Teile, ist urheberrechtlich geschützt. Jede Verwertung ist ohne Zustimmung des Verlages und des Autors unzulässig. Dies gilt insbesondere für die elektronische oder sonstige Vervielfältigung, Übersetzung, Verbreitung und öffentliche Zugänglichmachung.

Bibliografische Information der Deutschen Nationalbibliothek:
Die Deutsche Nationalbibliothek verzeichnet diese Publikation in der Deutschen Nationalbibliografie; detaillierte bibliografische Daten sind im Internet über http://dnb.d-nb.de abrufbar.

Inhalt

Geständnis des Autors 5
Zuerst war der Mann..11
Die aus der Rippe kam..15
In biblischen Zeiten...23
Als Hure verdächtigt, Kaiserin geworden 29
Visionärin mit praktischem Verstand........................35
Neunzehnjährige befreit das Land 41
Das rätselhafteste Portrait, eo ipso.............................47
„Ich bin die Mode"..55
Opfer eines Patriarchen..63
Sie malte sich tot und lebendig 69
Frau erobert Männer-Domäne....................................77
Der Mann im Nebenzimmer.......................................89
Lobby für ledige Mütter..103
Bis dass der Tod euch scheidet 109
Neue Männer braucht das Land 117
Alice, Alice! 127
Quintessenz 135

Geständnis des Autors

Ja, ich bin ein Mann. Riskiere es, über Frauen zu schreiben. Mich in sie hineinzuversetzen. Verzeihen Sie, wenn ich ungenau bin, übertreibe, Unterschiede überbewerte, irre. Da und dort Klischees bediene. Ja, ich weiß, jeder Mensch ist anders. Mann und Frau, jeder ein Individuum. Lateinisch unteilbar. Neuerdings behauptet ein namhafter Psychologe: Mensch ist nicht unteilbar, sondern zweigeteilt. Einer der das Gute will. Der andere das Böse. „Zwei Seelen wohnen, ach, in meiner Brust" schrieb auch Goethe. Ob er eine männliche und eine weibliche meinte?

Außerdem sind nicht wenige Mischwesen. Mann mit weiblichen Eigenschaften. Frau mit männlichen. Mannweib nannte Mann es abschätzig. Nicht selten kann man Gesichtern und Gehabe die Andersartigkeit ablesen. Mag auch sein, dass Charakter und Aussehen Grund und Verstärker für lesbische und schwule Neigungen sind. Einer ist der Herr im Haus. Mann oder Frau.

Kompliziert genug. Und doch riskiere ich es, mich aufzumachen, dem Rätsel Frau auf die Spur zu kommen. Eigene Schwächen zuzugeben. Zweimal 30 Jahre mit einer Frau leben könnten reichen, das Rätselhafte, das zur Natur jeder Frau gehört, zu definieren. Und die Reaktionen eines normalen Mannes.

Meine These: Frauen besitzen gesunde Intelligenz. Sind sensibler als Männer. Fühlen mehr als kalkulieren. Reagieren spontan, sind sie ihrer Sache sicher. Ist es das, was Männer rätselhaft finden? Beunruhigt? Weil sie selbst anders sind, die Welt anders erleben und begreifen.

Kann sein, denn sie sind anders gestrickt. Vertrauen ihrem Verstand mehr als ihren Gefühlen. Neuerdings soll es Männer geben, die Gefühle zulassen. Die Mehrheit aber verlässt sich auf Gesehenes, Berechnetes, Erfahrenes. Alles, was anders ist überrascht sie. Berechnen es erneut, wenn es um Sachen geht. Bis sie es wieder im Griff haben. Gehen auf Distanz, wenn ihre Frau das Rätsel ist. Von dem sie annehmen, es doch nicht lösen zu können. Kapitulieren und suchen sich eine andere. Treiben es hinter verschlossenen Türen. Oder lassen sich scheiden. Dasselbe Dilemma kommt totsicher mit jeder neuen Frau. Warum ist es anders bei Frauen? Ich sehe es so:

Frauen sind lebendiger. Lebendig im wahrsten Sinne des Wortes. Sie wissen, alles was lebt bleibt nie, was es ist. Verändert sich fortwährend. Ob es uns gefällt oder nicht. Frauen fühlen sich eins mit der Veränderung. Reagieren infolgedessen intuitiv und oft spontan. Passen sich an oder gehen ihren Weg. Sich selbst und die Zukunft im Blick.

Männer brauchen ein Korsett, das ihnen Halt gibt. Es ist das Prinzip, das ihr Verhalten bestimmt. In Gesetzen und Konventionen festgeschrieben. Fühlen sich abgesichert. Halten sich daher für verlässliche Zeitgenossen. Frauen dagegen für unzuverlässig, launenhaft. Nur weil sie nicht mitvollziehen können, was Frauen fühlen. Was sie antreibt und so sicher macht, danach zu handeln. Konsequent und stets offen für Neues.

Männerwelt ist fest gebaut und fest umrissen. Bildet sie sich ein. Obwohl sie sich in ihrem Beruf ständig Neuem anpassen müssen. Privat jedoch fürchten sie, Mann verliert seine Führungsrolle. Wenn Frau mitreden will. Reagiert entsprechend. Mit Ausflüchten oder Gleichgültigkeit. Zornesausbrüchen oder Gewalt in extremen Fällen.

Frauen sind in den Augen von Männern Unruhestifter. Überraschen mit Einfällen, Widersprüchen, aus gefallener Mode oder Weihnachten zuhause statt auf Ibiza. Weil Männer Ursachen solcher Überraschungen und Zusammenhänge nicht erkennen, sich auch nicht in sie hineinfühlen können, sind Frauen in den Augen von Männern das Rätsel an sich. Scheuen die Diskussion. Weichen Auseinandersetzungen aus. Beschäftigen sich mit anderen Themen, Dingen, die sie gut kennen. Die sie beherrschen. Frau hat das Nachsehen.

Mag sein, es gibt auch Männer, die ein feineres Sensorium besitzen. Dem der Frauen ähnlich. Und doch anders. Die meisten verstecken ihre Gefühle. Als schadeten sie ihrer Reputation als Mann. Beschäftigen wir uns jetzt mit dem Thema Mann und Frau. Mit einem Mann hat alles angefangen, wie es in der Bibel steht. Es könnte die Ursache sein für die Verschiedenheit von Mann und Frau. Und könnte noch viele andere Ursachen haben. Mit so vielen Konsequenzen, dass die Übersicht verloren geht.

Philosophen haben darüber nachgedacht, gerätselt, über das Rätsel erneut nachgedacht. Dicke Bücher geschrieben. Der Weisheit letzten Schluss formuliert, jedoch nicht beweisen können. So, dass sie jeder versteht. Große Namen, Sokrates, Seneca, Thomas von Aquin, Immanuel Kant, Schleiermacher, Sartre. Die Liste ließe sich fortsetzen und kein Mensch würde schlauer. Weil normale Menschen sie nicht verstehen. Jedenfalls nicht so, wie sie gemeint sind. Da passt Martin Heideggers Bonmot: „Die Begriffshuberei der Philosophen verstellt den Blick auf das Leben". Machen Sie sich selbst ihre Gedanken

Gott entnimmt Adam eine Rippe
Handschrift des 10. Jahrhunderts. Im Archiv der Kathedrale von Gerona, Katalonien.

Zuerst war der Mann

Adam mit Namen. Logisch, dass Frauen aus der Sicht des Mannes zweitrangig sind. Und rätselhaft, wie er erfahren muss. Ich bin der erste, sagte er sich. Und bleibe es. Eine solche Erfahrung als Erster einer ganzen Schöpfung prägt. Bestimmt Einstellungen zu allem, was nachher kommt. Als Eva da war, freute er sich. Bis sie ihn zur Sünde verführte. Machte Eva verantwortlich für das und alles, was danach kam. Alle Gedanken kreisen um sein Ego. Erkannte nicht ihre wahre Natur hinter dem Gesicht. Frauen sind anders, häufig missbrauchte Ausrede. Hier in diesem Buch jetzt Beispiele von Frauen aus der Sicht des Mannes. Und Erklärung für ihr Anderssein. Unlösbare Rätsel? Ein Thema, alt wie die Menschheit, so lange es sie gibt.

Fangen wir von vorne an. Wirklich ganz von vorne. Zuerst also der Mann. Wie gesagt, der erste Mensch auf dieser Erde. Von Gott geschaffen und Adam genannt. Da er niemanden sonst um sich sah, fühlte er sich wie der Herrscher der Welt. Logischerweise sich wichtiger nimmt als die Frau, die nach ihm kam. Glaubt man an die Erschaffung der Welt, wie die Bibel es lang und breit erläutert. Die Konsequenz aus dieser – sagen wir Tatsache – ist, dass Frau sich anstrengt. Gleichberechtigt zu sein in für sie wichtigen Bereichen.

Heute klingt das so:

Bei der Frage z. B. wollen wir Kinder oder nicht? Soll er Jörg heißen oder Achim, wenn der Filius denn schon da ist? Anleihe, Aktien oder Auto kaufen? Wohin im Urlaub? Italien oder Bermudas? Den Sohn eine Weltreise machen lassen oder auf die Uni schicken? Arbeiten gehen, statt zuhause versauern? Haushaltskasse aufbessern oder lang gehegte persönliche Wünsche erfüllen? Einem Talent folgen, das endlich die Anerkennung verspricht, die Frau sucht? Das Baby ihrem Mann anvertrauen, während sie das Geld verdient?

Starke und diplomatisch begabte Frauen setzen sich durch. Das bringt ihren Mann in Opposition. Oder Verlegenheit. Frauen wiederum finden eine Lösung für beide. Wenn ihre Liebe groß genug ist. Und Hoffnung besteht. Oder lässt sich scheiden. Mann rätselt, warum wohl?

Sagt sich, weiß einer wie Frauen denken? Eine Frage, die Männer lebenslang verfolgt. Von Männern, die auf tausend andere Fragen eine Antwort parat haben. Ob sie richtig ist oder nicht, sei dahin gestellt. Bei Frauen raten sie, wissen es nicht. Sagen vorsichtshalber ja du hast Recht. Wollen keinen Streit. Tun was sie möchte. Oder verschwinden bei Nacht und Nebel. Sobald ihre Zukunft ausgehandelt ist. Damals fing alles an. Anno Dazumal im Jahre Null.

Eva reicht Adam die verbotene Frucht.
Gemälde eines unbekannten Meisters um 1300, Uffizien, Florenz, Italien

Die aus der Rippe kam

So heißt es in der „Genesis" dem ersten Buch des Alten Testaments. Frau heißt hebräisch Noun = Rippe. Sinnig nicht? Der Herr sagte: „Ich will, dass der Mensch nicht allein ist. Ihm eine Gehilfin machen, die bei ihm ist alle Tage seines Lebens" Operierte Adam eine Rippe heraus und bastelte einen zweiten Menschen aus dem Knochen. Eine Frau, die er Eva nannte.

Nicht überraschend, dass in patriarchalischen Zeiten zuerst ein Mann geschaffen wurde. Vorausgesetzt Mann glaubte, dass Gott seinesgleichen, also ein Mann ist und Welt und Menschen geschaffen hat. Die Evolutionstheorie Darwins noch lange nicht erfunden. Die Bibel lässt sich so schön erzählen. Theorien sind abstrakt und nur im Kopf nachvollziehbar. Herz und Gemüt sind nicht angesprochen. Bleiben wir dabei: Bibel sagt wie es war.

Typisch die aus der Frühgeschichte stammende Vormachtstellung des Mannes. Heute noch in vielen Ländern sakrosankt. Auch dort, wo von Gleichberechtigung die Rede ist.

Lautstark verkündet, immer wieder. In der täglichen Praxis sieht vieles anders aus. Wundert man sich noch, dass Frauen reagieren auf ihre Art?

Wie konnte es dazu kommen?

Stellen wir eine Theorie auf, könnten wir der Sache auf den Grund kommen. Also, Adam, dem ersten Mann entnahm der Herr eine Rippe. Machte eine Frau daraus. Wie immer er das bewerkstelligt hat. Männin nannte Adam sie anfangs, bevor Gott ihr den Namen Eva gab. Ging davon aus, sie ist ein Teil von ihm. Wie die Rippe, als sie noch Teil seines Brustkorbes war. Gewebe und Blutkörperchen inklusive. Selbstverständlich für Adam, dass er darüber verfügen konnte. Wie über seinen rechten Arm, seinen linken Fuß. Seine Rippe ist seine Rippe und bleibt es. Frau folglich tut was er befiehlt.

Erträgt seine Schläge. Erledigt den ganzen Haushalt ohne Murren und Rücksicht auf Gesundheit und Stimmung. Gibt sich ihm hin, wenn es ihn juckt. Die Bibel schweigt sich über dieses Thema aus. Adam und Eva erkannten erst nach dem Rausschmiss, dass sie nackt waren. Und sich begehrten. Warfen die Feigenblätter ins Gebüsch und sich hinterher. Noch aber sind sie im Paradies und wussten nicht was Sex ist. Haben folglich keine Kinder. Der Herr hatte es für später vorgesehen.

Als es dann nach dem Rausschmiss soweit war, spürte Adam, dass die nackte Eva seinen Verstand benebelte. Beim Koitus gänzlich aussetzte. Nichts anderes existierte in seinem Hirn als Lust und Lust und endlich raus mit dem Saft. Nach der Abkühlung dann war er wieder der Erste. Und seine Kinder sind Kinder des ersten Menschen Adam.

Ich habe Kain und Abel gezeugt. Eva nur der Lockvogel, der mich dazu bringen sollte, meinen Samen in ihren Leib zu spritzen. Ohne mich wäre sie nur eine taube Nuss.

Eva aber merkte sofort, dass mit ihm etwas nicht stimmte. Frauen spüren früher als Männer, wenn ihnen Unangenehmes droht oder sogar schaden könnte. Ein Automatismus lässt sie Gegenmaßnahmen ergreifen. Schaden an Leib und Seele zu vermeiden oder zumindest in seinem Ausmaß zu reduzieren.

Scheinbar angeborene Eigenschaften helfen ihnen dabei. Frauen sind generell neugierig, meckern Männer. Überzeugt, sie selbst sind es nicht. Wissbegierig ja. Wer hätte sonst das Auto erfunden, die Rakete zum Mond. Alles Resultate männlicher Wissbegierde.

Bei Frauen ist es nicht anders. Auch wenn Männer es bestreiten. Madam Curie hat nun mal die Radioaktivität entdeckt. Frauen sind begierig, alles zu suchen und zu erkennen, was die Welt im Innersten zusammenhält, ihr Leben reicher macht. Sie selbst nachsichtiger. Männer in der Regel protzen mit neuen Erkenntnissen, wenn sie nachgedacht haben. Denken, ich bin ein kluger Kopf. Frauen denken nicht so, fühlen und ordnen Erkenntnisse ein in ihr Weltbild.

Zum Nutzen der Gemeinschaft, in der sie leben. Zur Freude am eigenen Sein.

Gehen wir zurück ins Paradies, in dem alles begann, was Menschsein ausmacht. Eva spazierte durch eine paradiesische Landschaft. Was sollte sie sonst tun? Stellen wir uns vor: Frisches Grün, plätschernde Gewässer, Früchte an Zweigen und Büschen. Blauer Himmel darüber. Man hörte die Engel singen. Oder war es die Nachtigall, die Amsel? Eva nach zwei Wochen gelangweilt, weil immer nur dasselbe Grün und Gelb zu sehen war. Wochenlang immer nur Bananen essen kein Vergnügen.

Das Paradies muss in Indien gelegen haben. Mit 24% Marktanteil heute der Welt größtes Anbaugebiet von Bananen. Früher nannte man die Früchte Paradiesfeigen.

Eva also unterwegs auf der Suche nach Abwechslung. Wollte Neues entdecken. Kennenlernen, was es bisher auf ihrem Speisezettel nicht gab. Da ein großer Baum. Sie kannte keine Bäume, nur Stauden und Büsche. Interessiert näherte sie sich dem seltsamen Gewächs und entdeckte viele rote Kugeln zwischen den Blättern. Ob die essbar sind? Es waren Äpfel, wie sie erfuhr, nachdem sie das Paradies verlassen mussten.

Erinnerte sich, der Herr verbot ihnen Früchte von diesem Baum zu essen. Da entdeckte sie im Geäst einen großen Wurm. Schlangen kannte sie noch nicht. Der schob seinen spitzen Kopf durch das Blättergewirr. Das Maul weit offen, seine gespaltene Zunge züngelte. Er blickte Eva an und sprach: „Du willst doch Gut von Böse unterscheiden, damit dein Herr mir dir zufrieden ist? Oder? Dann pflücke eine dieser Früchte und esse sie. Und du gewinnst neue Erkenntnisse. Unterscheidest was gut und was böse ist. Dann wird dein Leben gottgefällig sein."

Eva erinnerte sich an den drohenden Unterton, als der Herr seine Warnung aussprach. Vielleicht wollte er mich nur prüfen, dachte sie. Aber Gut und Böse unterscheiden ist doch die einzige Voraussetzung, um Gutes zu tun und Böses zu vermeiden. Doch ihre Überlegungen gingen weiter. Mach deinen Mann zum Komplizen. Habe ich ihn an meiner Seite, kann auch ein Gott bei uns nichts ausrichten. Zwei gegen einen. Die Komplizenschaft kam in die Welt.

Adam ließ sich verführen. Wer kann schon einer Frau widerstehen? Wenn sie lächelt, ihren Körper biegt als wollte sie Liebe. Ihm einen rotbackigen Apfel reicht, damit er hineinbeißt und es lecker findet. Welcher Mann kann etwas nicht lecker finden, wenn eine schöne Frau es ihm anbietet? Weiß sie, dass sie Macht besitzt? Oder ist es eine der weiblichen Eigenschaften, die rätselhaft sind und bleiben? Männern kommt es so vor.

Es sollte weiter gehen. Adam und Eva irrten sich, wie wir wissen. Gott nicht gehorchen hatte Folgen. Der Herr wies sie aus dem aus, was uns seitdem als Paradies verkauft wird. Es war und wird nicht wieder kommen. Selber schuld, sagen die Priester. Begründen es mit der sogenannten Erbsünde. Wir alle sollen büßen, weil die ersten Menschen Gott nicht gehorchten?

Da sollte man doch Darwin folgen, der solche Geschichten und Gott leugnete und die Entstehung der Arten rein wissenschaftlich definierte. Alles entwickelte sich aus einem Urkern. Oder Urkorn, wenn Ihnen das lieber ist. So oder so, Eva blieb für Adam ein geheimnisvolles Wesen, das es fertigbrachte, ihn zum Ungehorsam zu verleiten. Weshalb sie aus dem Paradies gejagt wurden. Verstanden hat er es nicht so ganz. Auch nicht, warum Sohn Kain seinen Bruder Abel erschlug. Die Stimme des Herrn hatte er nie gehört. Angst kannte er nicht. Jetzt aber befiel sie ihn. Und Furcht vor allem, was noch passieren könnte durch die Frau. Und den großen Unbekannten. Ob er ihr Verbündeter ist? Eva feierte indessen den dritten Sohn in ihrem Bauch. Sie will ihn Benjamin nennen.

Ob es das Paradies gab oder nicht ist nach wie vor strittig. Aber es blieb die Sehnsucht aller nach etwas, das sie Paradies nennen. Grenzenloses Glück. Fantasieren heute noch und wünschen sich immerfort glücklich zu sein. Nüchtern betrachtet war und ist es einfältig, solange das Gegenteil von Paradies Alltag ist.

Nichts als ein frommer Wunsch, wie wir erfahren mussten. In den nachfolgenden Jahrtausenden war die Welt jenseits des Traums vom Paradies alles andere als ein Paradies. Weder für Frauen noch für Männer.

Männer hatten das Sagen, wollten Macht über andere. Nicht nur über Frauen. Und hatten dabei, sich überschätzend, oft weniger Glück als sie einkalkulierten. Frauen opponieren gegen das Patriarchat erst in jüngerer Zeit. Erreichen einiges, was die männliche Gattung des Menschen nervös macht. Die neue Frau eine neue Unbekannte? Fragt Mann. Ist jetzt seine Alleinstellung als Primus aller Primaten infrage gestellt?

Frauen scheinen mehr zu können als es in der Vorstellung von Männern möglich war. Die Schauspielerin Theodora wurde Kaiserin von Rom. Marie Curie erhielt den Nobelpreis für die Entdeckung der Radioaktivität. Suffragetten forderten statt zu gehorchen. Gingen schon Anfang des 20. Jahrhunderts auf die Straße. Heute wollen Frauen mehr. Gleicher Lohn bei gleicher Tätigkeit für beide. Gleiche Rechte für Mann und Frau. Vaterschaftsurlaub statt Mutterschaftsurlaub. Präsidentin werden eines Aufsichtsrats. Einer ganzen Nation. Hillary Clinton oder Marine Le Pen? Nicht auszudenken, was noch alles kommt. Fürchtet Mann. Wie gut geregelt war doch alles in früheren Zeiten. Bis vor kurzem, sieht man genau hin. Mann entscheidet, Frau passt sich an. Denken wir zurück.

Sara, Erzmutter Israels genannt. Als Frau Abrahams gebar sie Isaak, den Stammvater der Juden.
Im Bild eine Israelitin aus Kanaan.

In biblischen Zeiten

Also vor ca. 4000 Jahren, war es Aufgabe der Frau, sich um Haushalt und Familie zu kümmern. Gesellschaftliche Normalität noch bis weit ins zwanzigste Jahrhundert. Frau rechtlich und sozial weitgehend abhängig vom Mann.

Aus heutiger Sicht damals eine katastrophale Lage für Frauen. Sie waren den Männern der Familie ausgeliefert. Nicht nur dem Ehemann. Eine Frau musste möglichst viele Kinder gebären. Bekam sie keine, konnte ihr Mann sie verstoßen. Oder sich scheiden lassen. Was Frau nicht durfte. Ein Mann konnte mehrere Frauen haben, die Frau nur einen einzigen. Sie gehörte ihrem Mann wie andere materielle Güter der Familie ihres Mannes. Er konnte mit ihr machen, was er wollte. Brüder, Schwäger nutzten sie aus im Alltag.

Es ist anzunehmen, dass in den meisten Ländern des alten Europas vergleichbare Zustände herrschten. In islamisch geprägten ganz sicher.

Kleisthenes, ein griechischer Politiker gründete die erste taugliche Demokratie. Schon 500 vor der Zeitrechnung. Aber Frauen durften nicht wählen. Waren Dienerinnen ihres Mannes, Kyros = Herr genannt. Hohepriesterinnen die Ausnahme. Dienten den Göttern in Tempeln. Ermahnten Könige, Gesetze zu ändern. Krieg zu führen oder Frieden zu schaffen. Solche Frauen hatten Macht, die Männer für göttlich hielten. Sie verehrten, um nicht von den Göttern bestraft zu werden.

In biblischen Zeiten hatten nur sehr wenige Frauen einen Beruf. Hebamme zum Beispiel. Gut vorstellbar, dass ihnen niemand dreinredete. Kinder waren die Zukunft des Volkes und Sicherheit fürs Alter. Mit der Botschaft „Du hast einen Sohn bekommen" erhielten sie vom Erzeuger alles, was sie sich wünschten. Setzten es geschickt ein und wurden vermögend. Knaben waren den Vätern alles wert. Ob sie gemerkt haben, dass sie „manipuliert" wurden?

Zur Zeit Jesu schien es besser zu laufen für Frauen. Konnten Besitztümer erwerben und Geschäfte machen. Brauchten aber vor Gericht einen Vormund, um Verträge zu bestätigen. Oder 10000 Schekel zu investieren. Emanzipierte Frauen von heute schütteln den Kopf, wenn sie davon hören oder lesen und gehen zur Tagesordnung über. Immerhin waren diese Frauen bereits ein Stück weiter als die Mehrheit.

Dass sie dabei weibliche Taktiken einsetzten, ist anzunehmen. Taktiken, die Männern nicht geläufig waren. Weil sie anders fühlten, sich die falschen Gedanken machten. Heute nicht anders bei den meisten Männern. Lassen das Rätsel Frau im Hinterkopf, wollen sich mit Problemen die Laune nicht verderben lassen. Tun Frau jeden Gefallen, jeden. Um verschont zu bleiben von Jammern, Forderungen, Erwartungen. Schon in der Bibel liest man von starken Frauen. Die selbstbewusst auftraten, Mann und Gesinde beherrschten. Pures Matriarchat. Da ist z.B. Sara, die Frau Abrahams und Hagar, ihre Dienerin. Sara, schon hochbetagt, konnte keine Kinder bekommen. Schlägt ihrem Mann vor, Hagar zu schwängern. Um die Nachkommenschaft zu sichern.

Der Deal gelang, Hagar gebar einen Sohn, Set. Der schlug aus der Art und verschwand auf Nimmerwiedersehen. Sara war trotzdem neidisch auf die Jüngere. Verjagte sie in die Wüste. Eine Quelle bewahrte Hagar vor dem Verdursten. Folgte dem Ratschlag eines Engels: „Kehre zurück, demütige dich und tue, was Sara dir sagt." Hagar brachte Sohn Ismael zur Welt, als Abraham 88 Jahre alt war.

Auch Sara wurde ein Sohn prophezeit. Obwohl sie zu alt war für eine Geburt, bereitete sie sich darauf vor. Aß gesundes Obst, betete jede Stunde und absolvierte den täglichen Bauchtanz. Schwangerschaftsgymnastik im Orient. Isaak ward ihr verheißen und geboren. Gilt als der Stammvater des jüdischen Volkes. Ismael Stammvater aller arabischen Völker. Alles nur Männer. Zum Schein? Viele ihrer Frauen zogen die Strippen. Waren es Wunder oder bewundernswerte Eigenschaften, die sie dazu befähigten? Rätselhaft?

Heute glaubt niemand mehr an solche Wunder. Obwohl sechzigjährige Frauen schwanger werden. Ist es ihre Natur? Oder ein verborgener Trick? Man nimmt es hin und feiert den Ausnahmefall in Zeitungen und Fernsehen. Des Herrn Wege sind unerforschlich, so die Kirche. Und meint die Frauen. Weil sie Ämter wollen, um mehr Gutes tun zu können. Zahlreiche Frauen in der Geschichte besaßen quasi den Ruf von Priestern. Taten Gutes, haben die Menschheit weitergebracht. In fortschrittlichem Denken und sozialem Handeln. Mutter Theresa, das klassische Beispiel in heutiger Zeit.

Der Mann muss sie nicht verstehen. Respektieren wäre schon viel. Als die, die sie waren und sind. Das Rätsel Rätsel sein lassen. Und sich den Frauen von heute zuwenden. Es gibt genug Aufgaben und Probleme, die Mann und Frau nur gemeinsam lösen können. Ärger in Verständnis, Egoismus in Zuwendung, Gleichgültigkeit in Anteilnahme zu verwandeln. Auch wenn es nur punktuell geschehen kann. In der Familie zum Beispiel. Am Arbeitsplatz. Zehn Minuten lang am Tag wären schon viel für den Anfang.

Ein letztes Mal zurück ins Alte Testament. Da ist Debora, eine Frau, die sich gegen tradierte Verhaltensnormen wehrte und das Richteramt studierte. Begabt und weise in ihren Urteilen, wie es Männer in solchen Positionen selten sind. Wägen mehr als sie wagen. Als Tyrann Jabin von Hazur, der zwanzig Jahre Kanaan unterdrückt und ausgeraubt hatte, Schwäche zeigte, bewies Debora Stärke. Überzeugte den israelitischen Feldherrn Barak, einen Aufstand zu wagen. Zog mit ihm in den Krieg. Die Israeliten gewannen die Schlacht und ihre eigene Zukunft. Frau kann auch Mann sein. Manche Männer akzeptieren es dankbar.

Kaiserin Theodora im Mosaik der Apsis von San Vitale, Ravenna an der nördlichen Adria.

Als Hure verdächtigt, Kaiserin geworden

Das byzantinische Mosaik in San Vitale, Ravenna zeigt Theodora als Kaiserin. In hunderte farbiger und goldener Steinchen aufgelöstes Portrait. Ein Symbol von Schönheit und Macht. So wie damalige Auftraggeber, Bischöfe und ihre Künstler sie sahen. Eine Frau ihrer Zeit. Hätte es anders sein können?

Aufrecht steht sie im weiten Krönungsmantel. Die Krone, doppelt gelegte alabasterweiße Perlen im vollen Haar über heller Stirn. An beiden Ohren Gehänge über die Schultern bis zu den Brüsten. Perlenketten, die wie Zöpfe aussehen. Byzantinisch die Gloriole hinter ihrem Kopf, christliches Symbol. In der orientalischen Überlieferung ist sie eine Heilige. Respektvoll umgeben von ihrem Hofstaat. Auch festlich gekleidet. Zwei Frauen zu ihrer Linken, zwei Männer zu ihrer Rechten. Allerlei Heilige im Umkreis und Dienerschaft. Die Kirche ein Welttheater.

Wir fragen uns, konnte der damalige Kaiser Justinius I. eine Schauspielerin mit dem Ruf einer Hure zur Frau haben? Sie muss eine schöne Hexe gewesen sein, die ihn verführte. Ihm kurz vor dem Höhepunkt das Heiratsversprechen abluchste. In solchen Situationen ist Mann zu allem bereit. Jede Frau weiß das.

Theodora war Schauspielerin. In der Spätantike generell im Verdacht, eine Hure zu sein. Ob sie davon wusste, ist nicht bekannt. Aber wie jede üble Nachrede: sie kann stimmen oder nicht. Begonnen hat ihr Erwachsenenleben auf der Bühne. Schauspielerin, einer der wenigen Berufe, die Frauen im 6. Jahrhundert ausüben konnten. Nachdem bis dahin Frauenrollen von Männern gespielt wurden. Potentaten und Publikum wollten aber auf den Brettern, die die Welt bedeuten, richtige Frauen sehen. Keine So-als-ob-Figuren mit verrutschtem Busen. Und falsettierender Stimme.

Theodora lockte die neue Möglichkeit, Frau auf die Bühne zu bringen. Sah ihre Chance berühmt zu werden und studierte das Fach, die einschlägigen Stücke. Sie war begabt. Spielte das Leben, wie Zuschauer es kannten. Männer flippten aus und suchten sie für sich privat zu gewinnen. Die ein oder andere Kollegin lockte das Geld. Die Möglichkeit gesellschaftlich aufzusteigen. Theodora blieb standhaft.

Schauspielerinnen mussten sich also mit dem Vorurteil herumschlagen, sie seien Prostituierte. Ob es an den Rollen lag, Helden des Stückes zu verführen? À la Kleopatra Caesar oder Antonius? An klingenden Münzen, die ihnen dieser Nebenjob einbrachte? Nichts ist dokumentiert. Man kann sich gut vorstellen, dass männliche Besucher des Theaters sich wie Caesar vorkamen. Die Aktrice umwarben oder zwangen, ihre Bühnenrolle fortzusetzen quasi im Nebenberuf. Als Kleopatra im Privatissimum eines fremden Mannes.

Stoff genug für Gerüchte. Man munkelte, dass Mann sie prügelte, wenn sie aus seiner Sicht der Rolle nicht gerecht wurde. Das Äußerste verlangte, was Frauen in solchen Situationen zu tun haben. Ihrer Auffassung nach. Seinen Köper abschlecken streicheln und küssen. Mann, der sich an solchen schwülen Abenden als Kaiser sah, genoss und zahlte. Fühlte sich wie Adam seinerzeit als erster Mensch. Mit allen Rechten eines Erstgeborenen.

Ob Theodora eine Hure war, ist nicht sicher. Eher nicht. Theodora war zwar eine schöne Frau. Für Männer begehrtes Objekt. Aber gesittet und fromm. Ihr Vater nannte sie deshalb Theodora: Gottesgeschenk.

Eines Tages kam ein junger Mann ins Theater, ein Stück von Aristophanes zu sehen. Justin, Neffe des oströmischen Kaisers Justin I, entflammte sofort in Liebe. Wollte Theodora auf der Stelle heiraten. Obwohl es Senatoren gesetzlich verboten war, Schauspielerinnen wegen ihres schlechten Rufes zu heiraten. So weit reichte damals schon ein Verdacht.

Seine strenge Mutter und die ganze Familie untersagten ihm jeglichen Umgang mit Theodora. Eine Hure auf dem Thron? Undenkbar. Mit Huren verkehrt kein Mann. Schon gar keiner, der in absehbarer Zeit Kaiser des oströmischen Reiches wird.

Die beiden Verliebten fanden Gelegenheiten, unbemerkt von Staat und Familie, sich näher kennenzulernen. Nicht lange Zeit verging, Justin älter und reif, die Nachfolge seines Onkels anzutreten. Entschloss sich als erstes, das umstrittene Gesetz zu modifizieren und seine Geliebte zu heiraten. Mochten Mutter und Verwandtschaft noch so sehr Zeter und Mordio schreien. Er nannte Theodora seine gottgegebene Partnerin.

Man beachte das Wort Partnerin. Bei uns spricht Mann erst seit ein paar Jahrzehnten von Partnerin, meint er eine Frau. Aber noch lange nicht sind alle Frauen Partnerinnen. Ehepartnerin, Partnerin in einer Kanzlei, des Chefs einer Fensterputzer-Firma. Liebe beziehungsweise gleiches Gehalt inklusive.

Kaum war Justin Alleinherrscher, nannte er sich Kaiser Justinian I. und Theodora „Augusta", also Kaiserin. Titel der Kaiserinnen von alters her. Sie liebte ihren Mann sehr und er sie. Gewann bald schon Einfluss auf seine Entscheidungen in der Politik. Veranlasste das, was ihr am Herzen lag: Verbot öffentlicher Prostitution und Mädchenhandel.

Vom ersten Tag ihrer Mitregentschaft an kümmerte sie sich um Arme, Kinder, Witwen und Kranke. Zeitlebens protegierte sie den Monophysitismus. Eine Glaubensrichtung im Orient, die Christus nur eine Natur zusprach. Nicht Gottmensch, wie Christen glauben.

Justinian ließ sie gewähren. Das Mann-Frau-Risiko schien nicht zu existieren. Praktizierten Arbeitsteilung. Sie war die engste Beraterin ihres Mannes. Hielt eine flammende Rede, als ein Gegenkaiser ausgerufen wurde. Und Justinian die Hauptstadt verlassen wollte. Er blieb der Kaiser. Motiviert von seiner Frau, gestützt von begeisterten Massen. Theodora verstand ihn auch im Finanziellen zu motivieren und beider Vermögen zu mehren. Sie starb viel zu früh an Krebs. Ließ einen Mann zurück, der sich nach kurzer Trauerzeit engagiert um ihre Anliegen kümmerte.

Soll einer sagen, Frauen sind nur das, was man sieht. Das Potential hinter ihren schönen Gesichtern nicht. Es sei denn, sie haben einen Mann, der sie lässt. Selbst zu sein und das zu erledigen, was zu erledigen ist. Kaum vorstellbar, dass Justinian das Rätsel Frau ängstigte oder ärgerte. Er liebte Theodora trotz jeder ihrer Einfälle, mit denen sie ihn überraschte. Kein Anlass für ihn, das Rätsel zu fürchten. Auch eine Möglichkeit, Zweisamkeit zu entspannen: Akzeptanz.

Hildegard von Bingen empfängt göttliche Inspiration.
Miniatur im Rupertsberger Kodex. Um 1200.

Visionärin mit praktischem Verstand

Nicht dass Sie zu der Ansicht gelangen, nur Heilige seien Frauen, über die zu schreiben lohnt. Wenn ich hier über eine Heilige spreche, hat es einen triftigen Grund. Hildegard von Bingen war anders als die meisten Frauen ihrer Zeit. Gerade weil sie eine Frau war. In einer Person Nonne und Frau von Welt. Obwohl ihr Zuhause im Jenseits lag. Rätselhaft genug, denkt man.

Noch rätselhafter, wenn man liest, sie hätte seherische Fähigkeiten gehabt. Damals geglaubt, heute von höchster kirchlicher Instanz bestätigt. Benedict XVI. ernannte sie 2012 zur Kirchenlehrerin. Gleich wichtig wie Augustinus. Bei beiden sind es ihre Bekenntnisse, die sie berühmt machten. Vorbild und Ratschläge für ein menschenwürdiges und gottgefälliges Leben. Beim Mann – wie kann es anders sein – aus der Vermessung dieser Welt und Jenseitsspekulationen resümiert. Hildegard hatte Visionen. Solange Rätsel, bis sie Wirklichkeit wurden. In den Herzen der Menschen.

Begegnungen im Virtuellen, sagt man heute. Sie sah Gott, die Gottesmutter Maria. Lauschte ihren Stimmen und verinnerlichte es. Heute begegnet man im Virtuellen Seinesgleichen per Selfie. Vergisst sie sofort, weil neue Selfies da sind. Neue Explorationen der Selbstgefälligkeit.

Hildegard sah nicht nur, sie hörte Stimmen, die sie ängstigten im ersten Augenblick. Glücklich letzten Endes. Worte von Engeln, Worte des Herrn, den sie ihren Bräutigam nannte. Ihm zuhörte mit zitterndem Herzen. Schrieb alles wortgetreu auf, um allen Menschen neue Hoffnung zu geben. Fleißig mit Tinte und Gänsekiel wie Bücherschreiber in Klöstern. Deklarierte es bescheiden als Wort Gottes. Predigte das, was sie sah und hörte. Glanz und Glorie, Stimmen, Musik. Interpretierte es mit den Erfahrungen einer lebensklugen Frau. Ihre Liebe zur gesamten Schöpfung war spürbar. Auch Kaiser Barbarossa holte sich bei ihr Rat.

Nur ihre Bischöfe protestierten gegen die Veröffentlichung solchen Teufelswerks. Beschwerten sich bei Papst Eugen III. Der gab sie nach kurzer Prüfung zur Veröffentlichung frei. Ihre Art, die Welt zu betrachten war ihm sympathisch. Meditativ statt rational. Dieser Mann muss weibliche Gene gehabt haben.

So sehr Hildegard sich als Geschöpf Gottes zurücknahm, so konkret arbeitete und entschied sie als Managerin ihres Klosters. Warb in Gesprächen, mit der Modernisierung des Klosterlebens neue Mitgliederinnen an. Drei Mahlzeiten statt zwei bisher. Neben Gemüse und Obst auch Fisch und Fleisch. Was bis dato Benediktinische Regeln untersagten.

Kürzere Gebetszeiten. Sinnvolle Beschäftigung im Klostergarten. Kurz nach ihrem Profess – Gelübde – als Äbtissin- vertrat sie den inhaftierten Erzbischof von Mainz. Beispiellose Karriere einer Frau im 12. Jahrhundert.

Auf dem Gebiet der Pflanzenkunde forschte sie ihr Leben lang. Ließ im Klostergarten vielfältige Gemüse- und Obstsorten anbauen. Säte, pflegte und erntete in ihrer freien Zeit. Kontrollierte die Resultate nach Verzehr und Verdauung bei Nonnen und Dorfbewohnern. Registrierte Wohlgefühl und Spannkraft, Beschwerden in Leib und Gedärm, Müdigkeit? Zog die Konsequenzen. Änderte den Speiseplan. Erkannte, Ernährung und Gesundheit, Krankheit, Körperlichkeit und Sexualität gehören zusammen, bedingen einander.

In ihrem Buch „Physica" schrieb sie Regeln gesunder Lebensführung auf. Der Historiker Bergemeister hält ihre Resultate für bedeutungslos. Hippokrates hätte schon 1300 Jahre zuvor Rezepte zur gesunden Ernährung veröffentlicht.

Neurologen unterstellen, ihre Visionen seien Ausgeburten fiebernder Fantasie. Migräneanfälle als Folge von Lichterscheinungen. Andere Experten interpretieren Hildegards Visionen als Scoton. Gefäßverschluss in Nervenzellen. Der halluzinatorische Lichtphänomene hervorrufe. Zu solchen Schlüssen können nur Männer kommen. Formeln und Vorurteile im Kopf und nichts sonst.

Interessant also zu beobachten, zu welchen Resultaten außergewöhnliche Eigenschaften einer Frau bei Männern führt. Verunsichern den, der glaubt sicher zu sein. Sodass er das Rätsel, das Unverstandene ignoriert. Oder eine Formel daraus bastelt, die er versteht. Der Historiker mit seiner Kenntnis von Namen und Daten. Der Neurologe mit dem, was er bis dato untersucht hat. Mit Röntgen, Kernspinn und anderen Tomographen. Nur materielles. Immaterielles überlassen sie den Frauen. Sollen sie sehen wie sie zurechtkommen. Lange verstorbene sowieso.

Das Kapitel Hildegard von Bingen soll nicht geschlossen werden, bevor von ihrem musikalischen Talent, ihrer Kunst des Büchermachens die Rede ist. Sie verfasste Texte und komponierte die Musik dazu. Spielte selbst auf Leier oder zitterähnlichem Hackbrett. Wie Abbildungen in Miniaturen zeigen. Neue Töne waren es. Hinreißende, bewegte und bewegende Gesänge. Mehrstimmig und doch transparent in der Stimmführung. Revolutionäres Neuland gegenüber bis her üblichem eintönigem Gregorianischen Singsang. Lange vor Monteverdi und Bach.

Ihr Hauptwerk „Scivias" ist seit dem zweiten Weltkrieg verschollen. Mit ihm aber nicht ihre Ratschläge für ein menschenwürdiges und gottgefälliges

Leben. Eine originalgetreu reproduzierte illustrierte Kopie von 1939 ist erhalten und in der Abtei Hildegard in Eibingen zu besichtigen. In Auszügen käuflich zu erwerben. Beispiel für zauberhaft schöne Buchmalerei des zwölften Jahrhunderts. Es trägt die Handschrift Hildegards. Kein Wunder, dass Mann das Weite sucht.

Gehe ich weiter durch die Jahrhunderte, fällt mir eine Frau des 15. Jahrhunderts ein. Oder ist es ein Mädchen? In allen Schulbüchern lebendig. In Theaterstücken und Opern. Auf aberhundert Gemälden, Kupferstichen. Im bronzenen Denkmal:

Jeanne d´Arc bei der Krönung Karl VII. Historienmalerei 1854 von Jean-August-Dominique Ingres. Dem bedeutendsten Maler der offiziellen Kunst im Frankreich des 19. Jahhunderts.

Neunzehnjährige befreit das Land

Jeanne d´Arc, einfaches Mädchen aus der Provinz. Schlechte Erfahrungen mit englischen Besatzern ließen bei ihr die Idee reifen, Frankreich von der Fremdherrschaft zu befreien. Geradezu besessen war sie von dieser Idee, glaubte sich von Gott dazu ausersehen. Frankreich muss wieder frei sein. Hundert Jahre Krieg zwischen Engländern und Franzosen um Ländereien und Provinzen, um Krone und Herrschaft sind zu viel. Sie will mit Gottes Hilfe die Engländer vertreiben vom heiligen Boden Frankreichs. Den Kronprinzen, Dauphin Karl auf den angestammten Thron setzen.

Zuerst lästerten Generäle und Soldaten. Ein Mädchen will Soldat spielen, ha, ha. Als Jungfrau im Auftrag Gottes an ihrer Seite kämpfen, ha, ha. Als dann der Kronprinz sie zu sich rief, ihre Glaubwürdigkeit und Jungfräulichkeit untersuchen zu lassen, sahen sie, es wird ernst. Nach dem positiven Resultat jubelten sie ihr begeistert zu. Überzeugt, sie werden gewinnen. Und sie gewannen. Die französischen Truppen verjagten die Engländer bei Orleans. Vorneweg die Jungfrau mit flatternder Fahne. Nach dem Sieg wurde der Prinz in Reims 1429 zu König von Frankreich gekrönt. Karl VII nannte er sich.

Das waren Zeiten. Stellen Sie sich vor, Mann wollte heute eine Frau auf Jungfräulichkeit untersuchen lassen, bevor er sie als Prokuristin engagiert. Er müsste mit einer Ohrfeige rechnen, einem Strafverfahren. Ihre beruflichen Fähigkeiten testen reicht für das Alltagsgeschäft. Auch an den Bartresen auf der Reeperbahn.

Die Jungfrau von Orleans, so heißt sie in Schillers Drama, gerät neunzehnjährig durch Verrat in englische Gefangenschaft. Krieg war wieder aufgeflammt. Die Engländer erfolgreich, nahmen Jeanne gefangen. In einem Monsterprozess von Vertretern der Kirche als Ketzerin zum Tode verurteilt, sie habe Gott gelästert. Und am 30. Mai 1431 auf dem Scheiterhaufen in Rouen öffentlich verbrannt.

Vierundzwanzig Jahre später hob die Kurie, getrieben von schlechtem Gewissen, das Urteil auf. Johanna zur Märtyrerin erklärt. 1909 von Papst Pius X. selig-, 1920 von Benedict XV. heiliggesprochen. Respektvoll spricht man von der Heiligen Johanna. In Orleans ihr bronzenes Reiterstandbild. Jeanne d´Arc als Schutzpatronin Frankreichs gefeiert. Franzosen halten ihre Geschichte lebendig, wollen wissen woher sie kommen.

Befasst Mann sich mit der Vita der Heldin, entdeckt er Stoff in Fülle für viele Geschichten, Dramen, Gedichte, Essays. Jeanne d´Arc scheint seine Fantasie mächtig anzuheizen. Vielleicht doch nur Legenden? Sei´s drum. Jungfrau Johanna wurde von Schreibkünstlern mit Rang und Namen dramatisch in Szene gesetzt. Shakespeare, Voltaire, Schiller, Twain, Shaw, der dafür den Nobelpreis erhielt. Anouilh, Brecht, Feuchtwanger, Bernard.

Große Musiker mit von der Partie. Giuseppe Verdi, Giachino Rossini, Pjotre Tschaikowski, Arthur Honegger, Karl Orff, Leonhard Cohen. Und, bisher einzige Ausnahme in der Männerdomäne: Kate Bush. Fragt in ihrem Lied „Joanni", rätselt: "Who is that girl?" Wer ist dieses Mädchen? „Wears the golden cross, and she never wears a ring on her finger." Hingezogen zum goldenen Kruzifix, nicht zum Ring an ihrem Finger.

Fragt man sich, was es ist, das Männer, gelegentlich auch Frauen bewegt, einmalige Leistungen einer jungen Frau zu besingen. Niemand weiß es genau. Was Jeanne und andere Frauen der Geschichte in ihrem Innersten bewegte. Sogar ertrug verbrannt zu werden bei lebendigem Leibe. Kann sein, Frauen agieren von einer geheimnisvollen Kraft gelenkt. Der sie sich oft selber nicht bewusst sind. Deren Auswirkungen sie beim anderen Geschlecht schmunzelnd oder verständnisvoll zur Kenntnis nehmen.

Kann auch sein, es ist ihnen bewusst. Lernen mit der Zeit ihr Frausein zu bejahen. Fähigkeiten einzusetzen. Abzuwägen, bevor sie ein endgültiges Urteil fällen, Kompromisse schließen. Standhaft bleiben. Wägen also und nicht blind wagen wie Männer. Entweder oder ist der Tod jeder Diskussion. Jeder Ehe und Freundschaft. Frau soll Rätsel bleiben, damit Männer etwas haben, über das sie nachdenken können.

Mona Lisa von Leonardo da Vinci, gemalt ca. 1503-1506. Musée du Louvre Paris.

Das rätselhafteste Portrait, eo ipso

Wenn es ein Bild gibt, das die Gemüter von Kunstfreunden immer noch bewegt und erhitzt, ist es das Gemälde Leonardo da Vincis im Musée du Louvre Paris. So rätselhaft ist Mona Lisas Identität, ihr Lächeln. Unerklärbar für die, die in und hinter dem Sichtbaren nach Identität und Gründen suchen. Insbesondere für das Lächeln, das nicht lächelt wie andere. Nicht geradeaus, sondern schelmisch von der Seite. In den Augenwinkeln die Pupille. Warum? Wieso? Oder lächelt sie nicht? Bilden wir uns das nur ein? Weil es das ganz normale Gesicht einer jungen Frau schöner erscheinen lässt. Oder ist es ein Mann?

Interessiert an Menschen sind wir Tag für Tag. Auf Fotos, Zeichnungen, Gemälden. Wollen wissen, wer ist das oder die oder der? In welcher Zeit? Guck an die Kleider. Mit wem verwandt? Lange bevor uns die radikale Forderung nach Transparenz ein schlechtes Gewissen machte. Alles muss durchschaubar sein. Alles.

Einmal ehrlich: Muss denn alles nackt sein heutzutage? Ohne schützendes Tabu? Frau, Beziehungen, Vermögen, Sexualität? Soll Beyoncé doch mit ihren nackten Pobacken wackeln auf Facebook. Hinter einem Schleier wäre schöneres zu vermuten. Wieder bei Mona Lisa. Von wegen schleierhaft.

Nicht nur Kunstsachverständige beschäftigen sich mit Mona Lisa seit Jahrhunderten. Neurologen, Historiker: Wer ist diese Frau? Lächelt sie oder lächelt sie nicht? Das Gemälde auf dünnem Pappelholz ist nicht signiert, ohne Datum. Angeblich war es Leonardo noch nicht gut genug für den reichen Auftraggeber in Florenz. Dem Ehemann der Lisa, wie eine Theorie behauptet. Da Vinci nahm das Bild mit an den Hof König Franz I. nach Amboise an der Loire, um daran weiterzuarbeiten. Der hatte ihn eingeladen, für ihn neue Waffensysteme zu erfinden. Und Flugmaschinen. Ganz in Gedanken an rotierende Flügel stieß Leonardo eines Tages mit dem Kopf an einen niedrigen Türbalken. Stürzte und starb bald darauf. Das Bild, jetzt im Besitz von Franz I., kam nach Fontainebleau nahe Paris. Dann nach Versailles an den Hof Louis XIV.

Nach der französischen Revolution erhielt Da Vincis Gemälde eine neue Heimat im Musée du Louvre. Napoleon war fasziniert, holte es zu sich und hängte es an die Wand vis à vis seines Bettes. Was mag wohl alle diese Männer bewogen haben, ausgerechnet dieses Bild besitzen zu wollen? Ein Werk des größten Künstlers der Renaissance? Oder war es das Fragezeichen in Monas Lisas Gesicht? Das sie betrachteten mit wohligem Kitzel im Gedärm?

Kunstgeschichtler, Historiker, Neurologen und besessene Spürnasen wollten und wollen immer noch das Rätsel Mona Lisa lösen. Beginnen wir mit ihrer Identität. Wer ist diese Frau, die ihm Modell saß?

Sechs Theorien behaupten, sie seien die richtige. In Italien Mona Lisa „La Gioconda" als Modell genannt, die Ehefrau des florentinischen Kaufmanns Francesco di Bartolomeo di Zanobi del Gioconda. Diese erste Theorie scheint glaubwürdig zu sein. Warum nennt man sie in Da Vincis Heimatland Gioconda? Die in Florenz könnten es wissen.

Nach der zweiten Theorie ist Pacifica Brandani das Modell. Offizielle Geliebte Ippolito de Medicis. Soll der Sohn von Papst Clemens VII sein. Leonardo in höchsten Kreisen gern gesehener Gast. Fürstenpaläste und Bischofsresidenzen standen ihm offen. Inklusive ihrer Bewohner.

Andrea Salaino Florentine, ein besonderer Fall. Die dritte Theorie. Das Modell ein Mann? Leonardo da Vinci malte Andrea, sein männliches Nacktmodell öfter als einmal. Zeichnete seinen schlanken Körper, das Gesicht, verliebt in seine feminine Ausstrahlung. Nicht ausgeschlossen, dass er Andrea zu Mona Lisa machte.

Die vierte Theorie behauptet, Isabella von Aragonien steckt hinter Mona Lisa. Die Tochter des Königs von Neapel. Auch nicht auszuschließen. Königskinder damals schon sehr eigensinnig. Modell zu stehen für einen Maler keine Schande. Einem so berühmten wie Leonardo da Vinci schon gar nicht. Im Gegenteil.

Ebenso möglich die fünfte Theorie. Caterina Sforza, die illegitime Tochter des Mailänder Herzogs Galeazzo Maria Sforza. Historikerin Magdalena Soest lieferte Anno 2002 Beweise aus kunstgeschichtlicher Sicht, die für Caterina Sforza als Mona Lisa sprechen.

Die sechste, bisher letzte Theorie favorisiert Isabella d´Este, Herzogin von Mantua. Verheiratete Gonzaga. Modell Leonardo da Vincis. Er hat zahlreiche Zeichnungen von ihr angefertigt. Die mit dem Gemälde verglichen wurden. Hier soll alles stimmen. Ausschlaggebend aber ist die stimmige Landschaft im Hintergrund. Es ist die typische Landschaft um den Gardasee. Florentische Hügel sehen anders aus.

Wer also ist unsere Mona Lisa? Dieses Rätsel bleibt ein Rätsel, schätze ich.

Am 21. August 1911 stahl der 29-jährige Handwerker Vinzenzo Peruggia das Bild aus dem Louvre. Er arbeitete wie viele Italiener bei baulichen Veränderungen, auch im Musée du Louvre. Zunächst verdächtigte die Polizei den Schriftsteller Guillaume Apollinaire und den Maler Pablo Picasso. Beide liebten Frauen. Die ihre Herkunft oder ihr Lächeln dazu nutzten, rätselhaft zu wirken. Um besungen oder gemalt zu werden. Geliebt sowieso. Für Künstler war Leonardos Werk wie eine Ikone. Vorbild großer Meisterschaft. Bei Picasso rangierte Da Vincis Mona Lisa noch vor dem Portrait des professionellen Modells Patricia Carola seines Idols und Landsmanns Diego Velàsquez. Ein naheliegender Verdacht also. Nachweisen konnte man es ihnen nicht. Beide wurden freigesprochen.

Seitdem war im Musée Louvre die Stelle leer, an der Mona Lisa hing. Nur noch Postkarten mit ihrem Konterfei. War Mona Lisa bisher bekannt, wurde sie nach dem Diebstahl berühmt. In allen Gazetten, auf allen Foren, in Gaststätten, Cafés, in den Wohnzimmern der Bürger nur noch Mona Lisa. Hunderttausendmal interpretiert. Ist es das wert? Fragt mancher heute, wenn ein Foto von Andreas Gurski für fünf Millionen gehandelt wird. Der Geldwert ist es nicht bei Mona Lisa. Ihre Geschichte ist es. Ihre fragliche Identität, ihr Lächeln. Oder das, was Leute für ein Lächeln halten. Andere für eine Laune der Natur. Oder Zähneputzen vergessen.

Ein gewisser Borkowski unterstellte 1992 in einer theoretischen Abhandlung, ihr haben die Schneidezähne gefehlt. Die faulen gezogen? Damals oft Folge mangelnder Pflege. Ein anderer, Fazialis habe ihre Mimik gelähmt. Beides Ursache für den Eindruck sie lächelt.

Wir können Leonardo da Vinci nicht fragen, Gioconda nicht, das Modell. Nicht Pacifica Brandani, Andrea Salaino, Isabella von Aragonien, Catarina Sforza, Isabella d´Este. Bleibt uns, sie lächeln zu lassen. Im schönen Gesicht das Rätsel. Mögen sich noch Generationen von Kunstkennern und selbsternannten Experten den Kopf zerbrechen, herumrätseln. Wer ist sie eigentlich? Lächelt sie oder lächelt sie nicht?

Moderne Monas, Lisas und Marys juckt das nicht. Sie sind die, die sie sind. Lächeln oder lächeln nicht. Fuck you.

Gabrielle, genannt Coco, Chanel, französische Mode-Designerin und Unternehmerin von internationalem Ruf, 1883 geboren in Saumur an der Loire, Frankreich. Gestorben 1977.

„Ich bin die Mode"

Gabrielle Coco Chanel haben wir Chanel No 5 zu verdanken. Die berühmte duftsprühende Verführung. Wissen alle Frauen der zivilisierten Welt. Dass Coco als erste kurze, also bequemere Kleider entwarf, Hosen nähte und selber trug, ist nur Modefreaks bekannt.

Männer fragen immer, was hat Frau dazu gebracht, dies und jenes so oder so zu tun. Was mag im Kopf der Gabrielle Chanel vorgegangen sein, fragte sich sicher mancher Mann auch damals. Krieg zu führen gegen Modekonzerne und die Finanziers dahinter. Gegen so geldschwere Gewohnheiten aufzustehen wie die Kleidermode der Frau. Eine Unverschämtheit, sagen die Männer. Endlich, sagen Frauen. Mode ein Zwangskorsett bisher. Frauen fühlten es am eigenen Leibe. Ertrugen Quetschspuren an Taille, Rücken und Busen. Die nur der Spiegel nach dem Entkleiden zeigte. Angezogen sahen sie sich schick und up to date.

Hier setzte Chanel an. Selbst eine Frau, die wusste was moderne Frauen insgeheim wünschen. Will sie aus manngewollten Zwängen befreien. Und sie trotzdem schick aussehen lassen. Um ihre Motivation zu verstehen, stellen wir uns die Frauenmode vor. Seit Jahrhunderten regelrechte Zwangsjacken. Jede Menge Stoff. Geschnürt, gerafft, gebunden. Teure Stoffe, die alles verrieten über Stellung, Wohlstand und Mann. Frauenschönheit und Frauenleid von Malern aller Welt auf zahllosen Bildern verewigt.

Ausgang des 19. Anfang des 20. Jahrhunderts sah Mode so aus: Knöchellang die Kleider, eng geschnürt Büste und Taille über einem Korsett, Unterröcke. Bombastische Frisuren. Große Taschen, alles drin für den Fall des Falles. Für Frauen täglich eine Prozedur hineinzukommen in das Stoffgezwänge und wieder heraus. Ohne fremde Hilfe fast nicht möglich. Dagegen war Cocos neue, funktionelle Mode geradezu revolutionär. 1913 ging´s los.

Röcke bis an die Waden statt knöchellang. Luftige, weite Hosen. Oberteile lose gegürtet. Haare kurz geschnitten. Kleine Taschen für Spiegel und Lippenstift. Für mutige Frauen die Erlösung von Zwängen und der Rücksichtnahme auf Zeitgeist und Männerwünsche. Das „Kleine Schwarze" in den Zwanzigern ein Renner, und heute noch. Knie zeigen ist modern.

1922 Start in die Parfümeriebranche. Direkt mit dem heute meistverkauften Parfüm der Welt: Chanel No 5. In den Fünfzigern kreierte Coco das weltbekannte Chanel-Kostüm. Rock mit kurzem, meist bordiertem Tweed-Jäckchen. Ein Blitzlicht auf ihre Karriere: 1969 zählte die amerikanische „Time" Coco

Chanel zu den hundert einflussreichsten Personen des Jahrhunderts in der Modebranche. Männer lagen ihr zu Füßen. Vergaßen das Rätsel Frau. Wer anbetet, hat andere Interessen.

Im Armenhaus von Saumur an der Loire 1883 als zweite uneheliche Tochter geboren. In ärmlichen Verhältnissen aufgewachsen. In Waisenhäusern erzogen. Nähen gelernt. Das Kleidermachen war von da an ihre Leidenschaft. Mit 20 Jahren angestellt in einem Geschäft für Aussteuer- und Babykleidung. Nicht ausgelastet nahm sie privat Aufträge an. Schneiderte Kleider und Blusen. Ließ erste modische Ideen Wirklichkeit werden.

Spaß holte sie sich bei Besuchen im „Grand Café" in Moulins. Nahm an dort üblichen Gästesingen teil: „Qui qu´a vue Coco?" Wer hat Coco gesehen? Die Herren Offiziere im Café jubelten und riefen fortan nur noch nach Coco. Kein Rätsel, sondern Spaß am Leben. Spaß daran, Männer zu Gönnern zu machen. Ließ Gabrielle im Geburtsregister. Ich bin Coco.

1906 lernte sie den Industriellensohn Étienne Balsan kennen. Verliebte sich und folgte ihm nach Paris. Ließ sich in die Gesellschaft einführen. Söhnlein finanzierte ihr einen Hutsalon. Das erste Geschäft ihres Lebens. Paris 21 Rue Cambon. Ihre modernen, schlichten Modelle fanden rasch die Zustimmung der Pariser Haute Volée. Wurden auf Modeseiten von

Zeitschriften gedruckt. Werbung für den guten Geschmack.

Vier Jahre später gründete Coco Chanel ihr erstes Unternehmen, nannte es „Chanel-Mode". Bald auch Modesalons in den Kurorten Deauville und Biarritz. Ihre Kleider und Kostüme aus Baumwolljersey fanden reißenden Absatz.

Machten sie zur erfolgreichen Unternehmerin. Ein Jahr später beschäftigte sie bereits mehr als 300 Näherinnen. Die amerikanische „Vogue" lobte Chanels Mode als „Inbegriff der Eleganz". Das Fragezeichen Frau war ein Ausrufezeichen geworden.

Der zweite Weltkrieg änderte alles. Frankreich besetzt von deutschen Truppen. Chanel schloss ihre Geschäfte. Ging eine Liaison ein mit Walter Schellenberg. Einem Deutschen Widerständler. Sie sollte mit Sir Winston Churchill Kontakt aufnehmen. Ihn für einen separaten Frieden mit England gewinnen. Das Treffen kam nicht zustande. Sir Winston plagte die Grippe.

Dies und anderes warf man ihr nach Kriegsende vor. Sie hätte mit den Deutschen kollaboriert. Nach kurzer Haft geht sie ins Exil nach Lausanne. Kehrte 1954 zurück nach Paris. Kritisierte den „New Look" Christian Diors als Rückfall in die Zeiten des steifen Korsetts. Entwirft die Collection Chanel. Wie gehabt aus Baumwolljersey, dem Stoff, der dem Frauenkörper schmeichelt, sich gut verarbeiten lässt. Zu extravaganter Mode. Schlicht schön. Typisch Chanel.

Als bald darauf internationale Stars vor allem ihre Kostüme trugen, wird Chanel zum Inbegriff der Mode schlechthin. Namen wie Marlene Dietrich, Brigitte Bardot, Grace Kelly, Romy Schneider, Ingrid Bergmann, Elisabeth Tayler. Bessere Werbeträger konnte sie nicht haben als Filmschauspielerinnen in ihren Kleidern. Es war die Zeit, in der Männer begannen Frauen mit anderen Augen zu sehen.

Sie machten den Zirkus mit. Und finanzierten die Modelaunen ihrer Frau. Selbst in kleinbürgerlichen Kreisen legten sie sich krumm, um ihre Frauen schöner erscheinen zu lassen als sie waren. Frau rückte an die erste Stelle. Von außen betrachtet. Nach Auffassung der Männer aber Ausnahmefall, der ihnen nicht schadet. Im Gegenteil.

Mit einem Chanel-Kostüm oder modisch aktuell gekleideter Frau am Arm über die Kö flanieren, den Kurfürstendamm, bringt Mann Lob ein. Und Respekt. Er wird zum Gentleman, der großzügig schöne Kleider verschenkt, weil er die seine liebt. Wieviel Raffinesse Frau aufbrachte, ihn dazu zu bringen, sieht man dem Chanel-Kostüm nicht an. Mann verdrängt es.

Mademoiselle Gabrielle Coco Chanel lebte die letzten Jahre ihres Lebens zurückgezogen. Ihr Unternehmen wuchs derweil. Nahm Handtaschen, Halstücher und schließlich auch Brillengestelle ins Programm. Attribute einer eleganten Frau. 2012 summierte sich der Umsatz des Unternehmens auf über 6 Milliarden Euro.

Coco Chanel starb 1977, 88jährig in ihrer Suite im Hotel „Ritz" Paris nach einem Schlaganfall. Den Skizzenblock in der Hand. Zwei Sätze der kreativen Frau sind typisch für ihren Charakter, ihr Selbstbewusstsein. Sätze beiläufig geäußert auf einer ihrer Modeschauen. „Ich habe die Frau aus dem Korsett befreit." „Ich mache keine Mode, ich bin die Mode."

Mann hätte solche Sätze drucken, im Fernsehen allabendlich ausstrahlen lassen zur besten Sendezeit. Wie ein bekannter deutscher Textilfabrikant: „Meine T-Shirts sind die besten, weil ich sie selber trage. Deutsche T-Shirts auf deutschen Maschinen von deutschen Frauen in Deutschland genäht, von deutschen Männern getragen". Männer gibt´s.

Julia Elisabeth Löhr, Schwester von Thomas Mann, genannt Lula. Geboren 1877 in Lübeck. 1927 Suizid durch Erhängen.

Opfer eines Patriarchen

Nicht wenige Männer der Geschichte scheinen den alten Adam noch nicht abgelegt zu haben. Die Nummer Eins zu sein sitzt in ihren Köpfen wie ein Pfropf. Scheint andere Eigenschaften sich nicht entfalten zu lassen im Hirn. Mögen sie noch so gut, so nobelpreistauglich sein.

Die Rede ist von Thomas Mann. Er und sein Bruder Heinrich schriftstellerten erfolgreich. Sie hatten zwei Schwestern. Julia Elisabeth, genannt Lula und Karla Auguste Olga Maria Mann. Die Brüder selbstbewusst, kritische Beobachter der Gesellschaft in der sie lebten. Die Schwestern lebenslang bemüht, sich anzupassen bis zur Selbstaufgabe. Sie scheiterten, weil niemand sie als Frau ernst nahm. Nur Katja, Thomas Frau, hatte sich behauptet. Mann brauchte sie, ihm den Rücken frei zu halten. Selbstlos versteht sich. Ohne eigene Ambitionen.

Vom Geliebten sitzengelassen die eine Schwester, erfolglos als Schauspielerin die andere. Wenig selbstbewusst? Möglich. In der Familie Mann galt das Gesetz der Konvention. Doppelbödig die Moral, wie in den meisten bürgerlichen Familien. Wer anerkannt und geliebt werden wollte, musste sich Regeln und Gepflogenheiten unterwerfen. Einzige Ausnahme Thomas. Gott Zeus, der sein durfte, der er war.

Heinrich verzog sich früh nach Paris, um ungestört aus großer Distanz seine Familie und die deutsche Mentalität kritisch unter die Lupe zu nehmen.

Beider Schwester Lula war keine, die für ihre Rechte kämpfte. Ähnlich wie Golo, Thomas´ Sohn, der sich erst lange nach seines Vaters Tod frei schrieb. Die Geschichte und ihre Personen, Wallenstein z.B. Lieblingsthemen des Romanciers und Historikers. Lula war für ihn ein bedauernswertes Geschöpf. Bruder Heinrich bezeichnete sie als Inkarnation der Konvention. Er hatte gut reden. Aus der Distanz von Paris.

Heinrich Mann ein Autor, der die typisch deutsche Art geißelte. In seinem Buch „Der Untertan" schildert er in der Figur Diederich Heßlings den vorauseilenden Gehorsam. Mentalität und Ursache für Nationalismus, Mitläufertum, Wichtigtuerei. Die zwangsläufig in den ersten Weltkrieg mündeten. Aber auch typisch für die Verwerfungen in der eigenen Familie. Zwangsfolge patriarchalischer Unterdrückung.

Julia Elisabeth Therese Löhr geborene Mann. Lula genannt. Heiratete mit 23 Jahren einen Bankdirektor, um dem familiären Druck zu entfliehen. Der aber wurde von der Familie nur mit Vorbehalt akzeptiert. Lula, unglücklich danach wie davor, betäubte sich mit Drogen. Wurde morphiumsüchtig. Süchtig nach Glück und Nähe. Suchte es bei wechselnden Liebhabern. Im Zustand latenter Abwesenheit. Lula gebar drei Töchter. Zwangsfolge ehelicher oder außerehelicher Praxis?

Golo, ihr Neffe schrieb später von einem Abgleiten in die Sucht. Aus Ekel vor den sexuellen Ansprüchen ihres Mannes. Nach dessen Tod 1922 verlor sie nicht nur den ungeliebten Mann. Sondern durch die Inflation auch das gesamte Vermögen. Verzweifelt, keine Mark mehr für ihren Lebensunterhalt zu haben, erhängte sie sich. Einzelheiten kannte niemand.

Von Thomas wissen wir, dass auch Lula schriftstellerisch begabt war. Er verdankte ihr einen ausführlichen Bericht, den sie über ihre Tante Elisabeth verfasst hatte. Das Urbild der Buddenbrooks, proklamierte Thomas mit stolz geschwellter Brust. Als hätte er es selbst geschrieben. Offenbar besaß sie Talent zum Schreiben, vermutete Golo feinfühlig. Nicht aber den Mut, es zu ihrem Beruf zu machen. Sie floh ins bürgerliche Leben, dem sie zu entkommen suchte. Und heiratete. Was, wie wir wissen, ihren Vorstellungen nicht entsprach. Das Glück blieb draußen bei den anderen. Das sei der wahre Grund für ihren Morphiumkonsum, ihren Suizid.

Wieder war es ein Nachkomme Adams, der das Leben von Frauen beeinflusste. Zerstörte muss man in diesem Fall feststellen. Er wollte es nicht, Gott bewahre, nein! Würde er sagen. Aber Ordnung muss sein. Die Regeln eingehalten. Mann ist Mann. Und Frau ist Frau. In dieser Reihenfolge. Von Gott ausersehen die Nummer Eins zu sein. Er kannte die Bibel gut.

Unter dem Regime des Nobelpreisträgers Thomas Mann litt die ganze Familie. Unter seinen Normen, seinem Anspruch, niemals gestört zu werden. Niemals. Frau Katja wachte darüber wie ein Polizeihund. Eigene Interessen und Bedürfnisse verleugnend. Ist es also eigentlich Frau, die Mann den Mann sein lässt, als den er sich sieht? Ob Katja wusste, dass ihr Göttergatte homosexuell war, ist nicht bekannt.

Er hatte es nicht ausgelebt, seinen eigenen Normen folgend. Schrieb sich von der Seele, was ihn bewegte. In seinen Büchern fand Homosexualität ihren Niederschlag. Dezent, mit umschreibenden Worten nur angedeutet, aber merklich für den, der es fühlt. Thomas schwärmte für Jünglinge. Die bekannten: Hanno/Kai Graf Mölln in „Buddenbrooks". Tonio Kröger im Buch gleichen Namens. Hans Castorpf/Pribistav Hippi im „Zauberberg". Gustav von Achenbach im „Tod in Venedig".

Man mag seine Bücher mögen oder nicht. Seinen ausschweifenden Schreibstil, der keine Lücke lässt. Verständnis aufbringen für den Künstler und seine Art zu sein. Er hieß nicht nur Mann, er war es. Nicht nur Töchter litten darunter, töteten sich selbst. Auch

Sohn Michael. Sohn Golo lebte auf nach Thomas Tod. Blieb der Ritter mit dem offenen Visier. Jeder der mit ihm sprach, erlebte ihn als Gentleman. Und rücksichtsvollen, ich betone, rücksichtsvollen Feingeist. Das pure Gegenteil seines Vaters Thomas.

Nobelpreis hin, Nobelpreis her. Über den Juden Joseph und seine Brüder schrieb Thomas Mann drei dicke Bücher. Nur über Adam nicht. Weil er ein Adam war? Er hätte sich mit gewohnter, eingeübter Gründlichkeit selbst decouvrieren müssen.

Frida Kahlo, 1944 Selbstbildnis „Die gebrochene Säule" nach ihrer Rückenoperation

Sie malte sich tot und lebendig

Kunstsammler Heinz Berggruen war verliebt in sie. Traf sie während einer Ausstellung in New York, auf der Jagd nach neuen Objekten. Ihre Bilder faszinierten ihn und die Frau. Saß in einem Rollstuhl und lächelte. Frida Kahlo ließ sich von ihm einladen zu einem Essen. Nicht abgeneigt, ein neues Liebesabenteuer zu beginnen. Ihr Mann Diego, selber ein bekannter Maler, hatte sie betrogen mit anderen Frauen. Immer wieder. Sie verlangte und bekam die Scheidung. Mexikanisches Temperament besaßen sie beide.

Um es vorwegzunehmen: Malerin Frida Kahlo verkaufte Berggruen keines ihrer Bilder. So sehr er sie darum bat. Nach seiner Rückkehr las er in der Zeitung, die beiden hätten sich versöhnt und folgerichtig wieder geheiratet. Señor Diego und Señora Frida Rivera. Die beiden heirateten, trennten sich, lebten wieder zusammen, trennten sich. Immer wieder hin und her bis es klappte. Ihre Liebe zu Diego hielt alles aus.

Frida liebte diesen Mann leidenschaftlich. Seit sie mit achtzehn bei ihm Malunterricht nahm. Nicht lange und er ihre eigenwillige Schönheit auch. Anno 1932 beschloss sie, jedes Jahr ein Bild zu malen. Ihr erstes „Die Geburt". Ein erschreckend großer Kopf kommt aus dem Mutterleib hervor, den ein Betttuch verhüllt. An den zusammengewachsenen Augenbrauen erkennt man Frida, das tote Kind. Die Blutlache soll an ihre Fehlgeburt erinnern. „Die sich selbst gebar", schrieb sie ins Tagebuch.

Dann passierte das Unglück. Straßenbahnführer verlor im chaotischen Verkehr die Kontrolle. Der Waggon rammte auf der Straßenkreuzung die Breitseite des Busses. Es krachte und kippte und schrie um Hilfe. Frida eingeklemmt zwischen Bänken, verbogenen Blechen. Um sie herum Haufen zersplitterten Fensterglases. In der Klinik diagnostiziert, Beine mehrfach gebrochen, Wirbelsäule dito. Ihr Jugendfreund, im Bus unverletzt geblieben, brachte ihr Blumen ans Krankenbett. Liebte sie immer noch. Diego ließ nichts von sich hören. Künstler mögen keine kranken Frauen.

Frida, gefesselt von Bandagen im Krankenbett, begann nachzudenken. Über das Leben und die qualvolle Vorstellung, es nicht leben zu können wie sie es liebte. Begann zu malen. Vorwiegend sich selbst. Quasi als Stellvertreterin. Projizierte die gequälte, am Leben gehinderte Frau auf die Leinwand. Um sich als gesunde Frida Kahlo zu fühlen. Leben und Liebe zu genießen.

Die Leinwand schräg vor sich auf einem Gestell. Pinsel und Farbtuben auf dem Tischchen neben dem

Bett. Im Bild ist ihr Körper offen, als hätte ein Pathologe ihn aufgeschnitten. Um zu sehen, was man sieht. Eine Wirbelsäule, die keine Wirbelsäule mehr ist. Eher eine mehrfach gebrochene jonische Säule nach drei Trojanischen Kriegen. Ein anderes Bild „Die Säule" zeigt sie mit bloßen Brüsten. Zwischen ihnen die Säule im aufgeschnittenen Leib. Gelöchert von Nägeln ihr Oberkörper, von weißledernen Gürteln zusammengehalten. Blut fließt und Träne.

Fast alle ihre Bilder sind realistische Reflexe von Erlebtem. Mit Symbolen beladen, die Anschauen zu tausend Fragen Anlass geben. Selbst bei „normalen" Portraits von Eltern, Freunden schwingt Geheimnis volles mit. Ein kleiner Hund am Rand. Ein Papagei. Zwei nackte Füße. Ein Totenkopf.

Wieder zuhause malte sie weiter. Immer wieder sich selbst in über hundert Varianten. Die meisten ihrer Selbstbildnisse erschrecken, weil sie schweigen. Nichts aussagen auf den ersten Blick, ein Rätsel. Den Betrachter überfallen mit Grausamkeiten, von denen farbenprächtige Kleider, Schmuck nicht ablenken können. Jedes ihrer Bilder ist anders. Lediglich ihre dunklen Augen unter schwarzen zusammengewachsenen Brauen dieselben. Immer geschmückt mit Ketten, dicken Kugeln zumeist, und kunstvoll gestalteten Ohrgehängen. Ernst ihr Gesicht. Ein Äffchen, ein Papagei im Bild. Diego ihr Mann. Ein Totenschädel.

Frida litt unter ihrem Diego, der ein Macho war, mehr als unter ihren körperlichen Schmerzen. Ein Gemälde zeigt sie nackt auf einer Pritsche. „Ein paar kleine Dolchstiche" die Unterschrift. Viele kleine Wunden bluten, tropfen aufs Laken.

Rote Pinselstriche auf dem Boden wie Blut. Neben dem Bett ihr Mann. Hut auf. Eine Hand in der Hosentasche. Messer in der anderen.

„Selbstbildnis als Tehuana". Frühkolumbianischen Skulpturen nachempfunden. Frida in elfenbeinhellem Kleid. Gesicht und Haar umrahmt von Blätterspitzen, hell wie das Kleid. Erinnert spontan an ein Gemälde Elisabeth I. Mit hochgestellter steifer Halskrause aus Brüsseler Spitzen. Stolz nach dem Sieg über die spanische Armada 1588. Von Fridas Schultern fließt ein am Saum plissierter Umhang. Aus ihrem Kopf ringsum suchen Fäden wie haarfeine Wurzeln Erde, die nicht da ist. Über der Stirn eine Blütenkrone. Darunter klein Diego wie ein Kainsmal.

„Die Zeit fliegt" Titel eines Selbstbildnisses. In weißer Bluse mit Spitzen an kurzen Ärmeln. Zwischen dunkelgrünen Fenstervorhängen sieht man ein Flugzeug am hellen Himmel. Motive ohne Ende, so scheint es. Gemalt die meisten an Orten, die keine Ateliers waren, wie man sich vorstellt bei einer Malerin. Richtig gesund war sie nie mehr. Rollstuhl, das Bett zuhause und in Kliniken. Leinwände, Pappen,

Farben, Pinsel reisten mit ihr. Nach Nordamerika und Europa. Ruhe nur zuhause in ihrer Casa Coyoacán in Mexiko.

Bildnisse entstanden von Mutter, Vater, Freunden, Gruppenbilder nach früheren Skizzen. Und immer wieder sie selbst. Frau, die trotzig den Pflaum über ihren Lippen malte. Als wäre sie Mann und Frau. Protestierte gegen die Einmischung des CIA. Verteidigte ihren Mann, der sich in New York weigerte, sein Fresko „Sieg der Revolution" zu übermalen.

Leo Trotzki portraitierte sie. Als er aus Russland geflohen, in Mexiko Gesinnungsgenossen suchte und fand. Diego, überzeugter Kommunist bot ihm Schutz in seinem Haus. Was ihn nicht rettete. Stalins Schergen fanden und erschossen ihn im fahrenden Auto. Frida schmerzte der Verlust des intelligenten, vornehmen Mannes, den sie liebte. Weil er anders war.

Ich müsste in diesem Buch Bilder zeigen, um diese Ausnahmefrau mit ihren aberhundert Existenzen in einer Person vorstellbar zu machen. Worte können es nicht. Und seien sie noch so farbenreich. Frida Kahlo hat mich vom ersten Bild an gefesselt. Warum, werden Sie fragen. Ist es ihre Professionalität, Farbe und Form zu nutzen, um das Leben darzustellen, wie sie es empfunden hat? Nicht wie es sein sollte. Von den meisten Künstlern bevorzugte Sicht. Nein, das grausame, das so liebenswerte Leben.

Ist es die Frau, Beispiel für andere, die leiden? Physisch und psychisch. Mit gebrochenem Rückgrad nicht mehr sie selbst. Blutend aus Wunden, die männliche Egozentrik und Gleichgültigkeit verursachen. Frau, an der die Zeit vorübergeht, als könnte sie nicht Schritt halten. Gefesselt durch das, was man Liebe nennt.

Frida Kahlo vor allem eine Frau, die leidenschaftlich und nüchtern zugleich sich selbst sah und darstellte. Damit zugab nicht die zu sein, die man geneigt ist zu sehen. Immer noch nach mehr als einem halben Jahrhundert erschüttert und beglückt jedes ihrer Bilder. Es scheint kein Rätsel zu geben. Und doch ist es rätselhaft. Außergewöhnlich begabt? Masochistisch? Kämpferisch? Das Leiden in Person? Die Liebe?

Da bleibt einem Adam die Spucke weg. Muss zugeben: ich bin ich. Zeugungsfähig. Ein Mann eben. Nichts anderes.

Maria Skolodowska, 1867 – 1934, Polnische Physikerin und Chemikerin. Zwei Nobelpreise für die Entdeckung der Radioaktivität. Verheiratet mit Pierre Curie. Zwei Töchter. Lebte und lehrte in Frankreich.

Frau erobert Männer-Domäne

Nicht oft trifft man Frauen, deren Leben so angefüllt war mit persönlichen Erlebnissen, Erfolgen, Enttäuschungen, dass es mehr Platz braucht, sie zu beschreiben. Mehr als über andere. Bitte Sie deshalb um Geduld für Marie. Es wird aufregend sein, wie bei Shakespeare im Theater. Verspreche ich Ihnen. Die Fakten: Nur wenige Frauen arbeiteten naturwissenschaftlich. Wenn sie denn schon arbeiten durften. Weil sie nicht begabt waren? Oder Männern den Vortritt ließen? Im Glauben, Formeln seien Männersache.

Marie Curie also aus der Art geschlagen? 1867 in Warschau geboren. Früh gewohnt von ihren Eltern zu hören, dass mathematische Formeln und Chemie das Leben der Menschen ständig verändern. Sie waren Lehrer in Mathe und Chemie. Geerbte Gene taten das Übrige. Marie interessierte sich brennend für naturwissenschaftliche Phänomene. Physikalische Gesetzmäßigkeiten, chemische Prozesse, Auswirkungen.

Russland herrschte damals über polnisches Land. Der Januaraufstand 1863 war gescheitert. Es begann die sogenannte Russifizierung. Unterricht nur in russischer Sprache. Frauen nicht zugelassen zum Studium an einer Universität.

Marie zog zu Verwandten aufs Land. Bestand ihr Abitur mit 15 Jahren als Klassenbeste. Erteilte Unterricht in Mathematik. Nahm an heimlichen Kursen von Jadwiga Szcawinsk-Dawidowa teil. Ihre „fliegende Universität" ermöglichte vor allem Frauen sich auf ein Regelstudium vorzubereiten.

Mit diesem Wissen verdiente sie sich den Lebensunterhalt als Hauslehrerin. Las Abends Bücher über Physik, Chemie, Soziologie und Physiologie. Um herauszufinden, für welches Fach sie die besten Voraussetzungen mitbrachte. Aber spannend musste es sein.

Marie hatte Glück. Konnte in den Labors des Warschauer Industrie- und Landwirtschaftsmuseums arbeiten. Gelegenheit, chemische und physikalische Experimente durchzuführen. Erkannte dabei, die experimentelle Forschung war ihr Arbeitsgebiet. Entschloss sich, an der berühmten Sorbonne in Paris ein Studium aufzunehmen. Schrieb sich ein als Maria Skolodowska.

Von mehr als 1800 an der Faculté des Sciences zugelassenen Studenten waren lediglich 23 Frauen. Obwohl Maries Französisch nicht besonders gut war damals, schloss sie das Lizenziat der Physik 1893 als Beste ab. Die Gesellschaft zur Förderung der nationalen Industrie erkannte ihre Begabung. Beauftragte sie, eine Studie über magnetische Eigenschaften verschiedener Stahlsorten auszuarbeiten.

Bei dieser Arbeit lernte sie Pierre Curie kennen, einen anerkannten Experten auf dem Gebiet der Becqerelschen Strahlungen. Diese Strahlen auf Fotomaterial geschickt, machen Radioaktivität sichtbar. Wie das so ist im Leben, eng mit einem Partner zusammenarbeiten weckt bald auch Sympathie. Freundschaft entsteht und Liebe. Am 26. Juli 1895 heirateten sie im Rathaus von Sceaux. Nicht lange und Folgen stellten sich ein. Tochter Irène kommt auf die Welt.

Ihre Arbeit konzentrierte sich auf die Ursachen von Strahlungen. Experimentierte mit verschiedenen Materialien. Ein noch unbekanntes Element strahlte stärker als andere. Was kann das sein? Sie fanden zwei. Pierre nannte eines seiner Frau zuliebe Polonium.

Ein neuer Adam geboren? In diesen Zeiten äußerst selten, dass Mann seiner Frau Erfolg gönnte. Er ließ den Freund Antoine Henry Bequerel die Ergebnisse in der Académie des Sciences präsentieren. Kein besserer als der Entdecker der nach ihm genannten Strahlen konnte es sein. Marie erhielt für ihre Arbeit den mit 3800 Francs dotierten „Prix Gegner". Der Begriff Radioaktivität erblickte das Licht der Welt.

Hätte sie weiter gearbeitet, wenn Hiroshima gewesen wäre? Fukushima? 321 potentielle Vernichter von Leben auf dem Globus. Wenn der allwissende Mann einen Fehler macht. Die Kontrolle verliert. Die Frage kann niemand beantworten.

Marie Curie aber war Wissenschaftlerin. Wie ihre männlichen Kollegen begierig, Neues zu entdecken auf ihrem Gebiet. Auch wenn sich ihre Fingerspitzen entzündeten. Erste bekannte Symptome an Strahlen erkrankter. Sie arbeitete, testete, analysierte. Entdeckte das Radium. Das dreihundertmal stärker strahlt als Uran. Die Zusammenarbeit mit Pierre Curie forderte sie zu Höchstleistungen heraus. In Fachkreisen bekannt und diskutiert. Die Franzosen beriefen die Polin als Lehrerin für Physik an ihre höheren Schulen.

Gesundheitliche Probleme ließen sich nicht leugnen. Sie schob es auf Überarbeitung. Im selben Jahr hatte Marie eine Fehlgeburt, die sie zwang das Bett zu hüten. Musste zuhause bleiben, während ihr Mann nach London fuhr, die ihr verliehene Davy-Medaille entgegenzunehmen. Von der Royal Society vergebene Auszeichnung für bahnbrechende Entdeckungen auf dem Gebiet der Chemie. Auch nach Stockholm konnte sie nicht fahren, ihren ersten für sie so wichtigen Nobelpreis entgegenzunehmen. Pierre hielt an ihrer statt den Vortrag über Strahlungsphänomene.

Drei Jahre später geriet Pierre unter die Räder eines Lastwagens. Er starb an der Unfallstelle. Marie traf der Verlust doppelt schwer. Verlor den geliebten

Lebenspartner. Und den wissenschaftlichen Mitstreiter. In den folgenden Jahren litt sie unter Depressionen. Pierres Vater und Bruder halfen ihr selbstlos, kümmerten sich um ihre Kinder. Marie wollte weiter forschen. Erhielt nach kurzer Atempause einen Lehrstuhl an der berühmten Sorbonne. Nach über siebenhundert Jahren die erste Frau an Frankreichs renommiertester Universität.

Ist jetzt ihr Ziel erreicht? Es ist wie bei Frédéric Chopin. Kam auch aus Polen. Lebte in Paris. Gab Konzerte, konnte nicht aufhören Musikstücke zu schreiben. Schwarze Notenpunkte aufs Blatt zu tupfen, mit einem Stiel versehen. Gespielt klang und klingt es wunderbar. Stimmt Zuhörer melancholisch zumeist. Sein berühmtes Regentropfen-Prélude kennt jeder. Ob Marie Curie es jemals hörte? Es hätte sie trösten können nach Pierres Tod.

All ihr Interesse galt der strahlenden Materie. Fi xiert darauf immer neue Erkenntnisse zu gewinnen. Forschte, experimentierte, schrieb es auf. Ursache und magnetisches Verhalten von Stahl, den jeder für tot hielt. Ihre Studien waren von einer Logik, die internationale Experten bewog mit ihr zusammenzuarbeiten. Unter ihnen bekannte Physiker. Ernest Rutherford. Frédéric Sodidy, Otto Hahn, deutscher Kernphysiker. Das Gremium beschloss die Maßeinheit für Radioaktivität „Curie" zu nennen.

Inzwischen ehrten sie zahlreiche Akademien mit Doktortiteln. Mitgliedschaften in Schweden, Polen, den USA und der berühmten Akademie in St. Petersburg. Im Vorstand der Pariser Académie des Sciences wurde ein Platz frei. Jetzt begann das altbekannte Rollenspiel. Darf es eine Frau sein? Die Traditionalisten setzten sich durch. Aber auch nur knapp. Die Medien hatten ihr Futter.

Die sozialistische Zeitung „L´Humanité – man lese und staune – verspottete die traditionelle Académie als frauenfeindlich. Der angesehene „Figaro" dagegen schrieb: „Man solle nicht versuchen, die Frau dem Manne gleich zu machen." Marie bewarb sich nie mehr um einen Platz in diesem Institut. Moderne Frau hätte genauso reagiert. Und die Medien informiert. Erst in den sechziger Jahren des zwanzigsten Jahrhunderts wählte die Académie eine Frau in den Kreis der Erlauchten.

Bis hierher ist Marie die Wissenschaftlerin. Konzentriert auf ihr Thema. Wie Chopin auf seine Musik. Sie hatte eine Affäre. Anders als Chopin mit Madame Sand, die Jahre dauerte. Der fünf Jahre jüngere Paul Langewin, Schüler ihres Mannes, verliebte sich in sie. Trafen sich in einer gemeinsamen Wohnung. Und taten das, was Verliebte tun. Seine Frau wurde misstrauisch und drohte Marie umzubringen. Die Lage eskalierte.

Frau Langewin reichte die Scheidung ein. Dann wurde beider Briefwechsel aus der Wohnung entwendet. Ein gewisser Ferds vom „Le Journal" drohte sie zu veröffentlichen. „L´OEvre" dagegen druckte sofort einen zehnseitigen Auszug: „Curie, eine Fremde, eine Intellektuelle, Emanze und Ausländerin, die ein französisches Heim zerstöre". Langewin forderte den Redakteur zum Duell. Es soll kein Schuss gefallen sein.

Frau Langewin verklagte ihren Mann wegen Verkehrs mit einer Konkubine, Beischläferin. Beide hatten Anwälte bei Gericht. Marie den späteren Staatspräsidenten Alexandre Millerand. Tragische Variante der Kampagne. Die Zeitung „L´OEvre" entdeckte Maries zweiten Vornamen: Salomea. „Ist Madam Curie eine Jüdin?" Behauptet in einem zusammengelogenen Artikel, ihr Vater sei aus finanziellen Gründen konvertiert. Sie selbst Halbjüdin. In Frankreich nicht gern gesehene Herkunft. Dem Land von Liberté – Égalité – Fraternité eine nationale Schande, finde ich.

Die Parteien einigten sich wie so oft. Marie aber quälte der Makel für den Rest ihres Lebens. Der Fall läuft ihr nach, wo sie auch ist. Reist unter falschem Namen. Leute belästigen sie. Nachbarn beschimpfen sie als Hure. Ob es sie getröstet hat, zum zweiten Mal den Nobelpreis zu erhalten? 1903 für Physik zu Lebzeiten Pierres. Jetzt 1911 für Chemie. Eine Begegnung mit Albert Einstein heiterte sie auf. Die Schweiz ein guter Ort, Dinge zu relativieren.

Marie Curie hörte nicht auf, sich Gedanken zu machen. Ihr Wissen für Menschen zu nutzen. Wie kann ich verwundeten Soldaten helfen? Zum Beispiel. Im ersten Weltkrieg entwickelte sie eine mobile Röntgenstation. Zwanzig Fahrzeuge schafften sie mit Unterstützung durch die französische Frauenunion.

Machte den Führerschein, um selber chauffieren zu können. Es sprach sich herum.

Die amerikanische Herausgeberin eines Frauenmagazins begeistert von so viel Einfallsreichtum und Mut, veranstaltete spontan ein Fundrising. Um Geld für das teure Radium zu sammeln. Die Vorräte für Röntgen-Behandlung verwundeter Soldaten im Krieg verbraucht. Ein Gramm Radium kostete damals runde 100000 Dollar.

Die Amerikanerin lud sie und ihre Töchter zu einer Reise durch Amerika ein. Die „New York Times jubelte: „Madame Curie hat vor, dem Krebs ein Ende zu bereiten." Sie selbst stellte es richtig. So weit reichten ihre Fachkenntnisse nicht. Man kennt die Medien. Die Wissenschaftlerin Curie verschoben sie auf Seite vier. Während der Reise durch das Land spürte sie, es geht abwärts. Ihre Gesundheit, in den letzten Jahren ohnehin nicht stabil, von Tag zu Tag schwächer. Sie wusste, die intensive Arbeit an Strahlenmaterial die Ursache.

Aber ihr Leben ging weiter. Kein Mann, der sie liebte, in den Arm nahm, streichelte, küsste. Mit ihr redete, weil sie schon spürte, sie lebt nicht mehr lange. Jetzt kam der Völkerbund. Will sie als Mitglied haben. Eine von zwölf der bedeutendsten Wissenschaftler. Ohne Rücksicht auf Nationalität. Marie, engagiert wie immer, sagte zu. Das Programm überzeugte sie. Zaghafter Versuch, einen zweiten Weltkrieg zu verhindern. Was, wie man weiß, an Hitler scheiterte. Bald Vizepräsidentin plant sie eine internationale Bibliothek zu gründen. Weltweit wissenschaftliche Werke zu publizieren. Urheberschutz und Forschungs-Stipendien einzuführen.

Gründete das Radium-Institut in Paris. Mit dem Ziel, Krebstherapien zu verbessern. Die Auszeichnung ihrer Tochter Irène mit dem Nobelpreis erlebte sie nicht mehr. Starb am 4. August 1934 an einer aplastischen permiziösen Anemie. Professor Claude Regaud vom Radium-Institut Paris zitiert sie in seinen Vorlesungen als erstes Opfer radioaktiver Strahlung.

Fast zehn Seiten meines Konvoluts über eine Frau mit dem alltäglichen Namen Marie. Haben Sie alles mitbekommen? Dann wissen Sie, ein solches Leben auszuhalten, braucht Kraft wie die von zehn Männern. Zehrte in ihr stille Sehnsucht, stärker als ein Mann zu sein? Oder eine Leidenschaft auszuleben wie Frédéric Chopin mit Klängen und Rhythmen? Mit dem kleinen Unterschied, eine Frau zu sein?

Wir wissen es nicht. Das Rätsel heißt Curie.

Alleinerziehende Mutter von vier Töchtern. Ihr Mann zog sich zwei Jahre nach der Hochzeit ins Nebenzimmer zurück. Kam alle zwei Jahre, um ihr ein Kind zu machen.

Der Mann im Nebenzimmer

*I*ch kenne den Mann, die Frau und ihre Kinder persönlich. Auch Ali, die Lehrerin hatte mir viel über sie erzählt. Deshalb kann ich alles genauer beschreiben. Den seltsamsten Adam, die originellste Eva, die mir in meinem Leben je begegneten.

Also der Mann mit einundsechzig immer noch im separaten Zimmer. Mit seiner Frau seit 32 Jahren verheiratet. 29 in derselben Wohnung. Wohnten immer schon jeder im eigenen Zimmer. Am Anfang und Ende eines langen, dunklen Flurs. Ob sie sich gelegentlich besuchten, kann man nur vermuten. Er sie oder umgekehrt? Nachbarn, die immer mal wieder um eine Tasse Salz baten oder Zucker, schätzten, Frau machte den Anfang. Behielt es bei all die Jahre. Damit der Herr Gemahl auf seine Kosten kam. Alle zwei Jahre. Öfter schien ihm lästig zu sein. Ausziehen, anziehen, ausziehen. Nee! Schlimm genug, monatlich vierfünftel der Rente seiner Frau zu überlassen.

Der gerade geschlossene Laden ein willkommener Anlaß für Nachbarn, mit harmloser Miene in ein fremdes Privatissimum zu dringen. Den Beobachtern fiel auf, dass Frau halbe Tage lang im Nachthemd herumlief. Frühstück vorbereitete, das Mittagsessen. Kuchen backte. Die Küche putzte. Dass es Folgen hatte, konnte man alle zwei Jahre sehen. Vier Mädchen kamen auf die Welt. Im Zweijahresabstand, wie sich´s gehörte in bürgerlichen Familien. Tilly, Elli, Ali und Mia.

Als die jüngste in die Schule ging, hatte sie ihren Vater noch nicht gesehen. Einen Mann, von dem sie keine Vorstellung hatte. Außer dass es ein Mann sein musste. Erkennbar an seinen langen Hosen auf dem Weg zum Klo. Den älteren Geschwistern erging es ebenso. „Papi muss arbeiten, sagte ihre Mama. Zog ein säuerliches Gesicht. Aus seinem Zimmer am Ende des langen Flurs hörte man einen Hammer auf Blech klopfen, einen Motor, der schnell drehte. So schnell, dass er singende Geräusche von sich gab. Was macht er da bloß? Würden Jungen fragen. Und durchs Schlüsselloch linsen.

Die Mädchen interessierten solche handwerklichen Geräusche nicht. Ihre Antennen waren auf die Straße gerichtet. Wo eine ganze Schar Mädchen Ringelreihen spielte. Schrien und lachten, dass es sich anhörte wie: kommt doch herunter! Tanzt mit uns. Lacht und singt. Mama endlich öffnete vom zweiflügeligen, hohen Fenster eine Hälfte. Nachdem sie den schweren Samtvorhang beiseitegeschoben hatte. Die Messingringe quietschten auf der Eisenstange. Wind wehte ihr die Gardine mit den langen Fransen ins Gesicht.

„Schaut wie die sich freuen. Wollt ihr auch runter?" Jaaaa, riefen alle vier im Chor. So laut, dass ihr Papa hereinschlürfte in Schlafanzug und Filzpantoffeln, einen Schraubenzieher in der Hand. Drohte: „Ruhe hier, Ruhe verdammt nochmal. Sonst stech´ ich euch ab." Drehte sich und verschwand wie gekommen im dunklen Flur.

Die Frauen waren unter sich Jahre und Jahrzehnte. Fühlten sich wohl, vermissten nichts. Ihre Mama war Frau und Mann zu gleich. Konnte Knöchlein knacken vom Huhn mit ihrem Gaumen. Zähne hatte sie schon länger keine mehr. Kochte deshalb am liebsten mit Grieß. Grießknödel mit Aprikosenmus oder Gulasch. Grießpudding mit Himbeersaft. Das Fass in der Vorratskammer gefüllt mit Gries schien nie leer zu werden. Zwischen Knödeln und Pudding erzählte sie von früher. Elsa ihrer Freundin. In ihren Bruder Ralf war sie verknallt mit vierzehn. Erzählte von ihren Eltern, die ihr eines Weihnachtens eine Käte-Kruse Puppe schenkten. Den Puppenwagen dazu im Jahr darauf. Viel zu lange dauerte es ihr, bis wieder Weihnachten war.

An ihren Vater dachte sie gerne und oft. Lehrer an der Grundschule und leidenschaftlicher Bastelfreund in seiner freien Zeit. Reparierte fast alles im Haus, um Handwerkskosten zu sparen. Von übrig gebliebenen Brettern bastelte er eine Stube für ihre Puppe

Lisa. Damit sie auch in einem richtigen Bett schlafen konnte, brauchte die Stube so viel Platz wie das Gramophonmöbel. Bald standen außer dem Bett ein Schrank, Tisch und Stühle darin, gesägt, geklebt und angemalt. In ihrem schmalen Kinderzimmer hatte sich ein zweites, kleines breit gemacht.

Mama erzählte: „ich habe dieses kleine Zimmer geliebt. Viel mehr als das größere, in dem Bett und Schreibtisch mich an Pflichten erinnerten. Laken zu strammen, das Kissen aufzuschütteln jeden Morgen. Schulaufgaben zu erledigen nachmittags. Aber schön war´s. Leider ist es im Bombenkrieg auf dem Speicher verbrannt. Sonst könnte ich euch zeigen wie schön mein Puppenhaus war." Lächelte versonnen.

Als die jüngste ihrer vier Töchter die Schule abgeschlossen hatte, wagten sie zum ersten Mal ihre Mama zu fragen: „Mama sag mal, liebst du Papa, deinen Mann?" Warteten auf Antwort, die nicht kam. Sahen sie an die Nase fassen. Was sie immer tat, wenn sie nachdachte. Mit dem Mittelfinger die kugelförmige Verwachsung am rechten Nasenflügel reiben, groß wie ein Knicker. Fragten sich schon mal, ob es ihre geheimen Wünsche sind. Die sich so auswachsen, wenn sie nicht erfüllt werden. Auf allen Fotos zu sehen. Typisch für Mama, die jeder liebte. Besonders ihre Enkel, die sie Schützenoma nannten. Weil sie auf der Schützenstraße wohnte.

Klein von Gestalt. In schwarzen Kleidern, von morgens bis abends in Schuhen mit halbhohem Absatz. Ausgehen nur mit Hut. Grand Dame im Kleinformat. Die Kugel aus Fleisch an der Nase unübersehbares Merkmal für Herz auf dem rechten Fleck. Es schlug für alle Kinder, derer sie habhaft werden konnte. Ihre eigenen und deren Kinder. Nie gezählte. Liebendes Herz schlug durch die bunte Schürze über knöchellangem Kleid, wenn sie arbeitete. Kochte, die heißgeliebten Weihnachtsplätzchen backte, die Kellertreppe putzte. Den Puppenwagen reparierte. Half ohne viele Worte sofort. Bei Schulproblemen oder Liebeskummer später. Mit ihren eigenen Kindern begann es.

Zwangsläufig musste sie sich hinlegen, unter den Fettwanst, der ihr Mann war. Um zu empfangen. So erzählte sie es ihrer Freundin, von der die Kinder es erfuhren, als sie schon lange ihre eigene Wohnung hatten. Wie es genau funktionierte, so sagte Mama, hatten ihr weder Eltern noch Lehrer erklärt.

Empfand es schmerzhaft. Nicht lustvoll wie andere Frauen, wenn man ihnen glauben kann. War sich aber sicher, es werden Töchter sein. Egal wie oft er sie bespringt. So wurde aus der unschuldigen Göre eine Frau. Aus der unwissenden Mutter eine alle umarmende Mama und Oma.

Eine Frage zwischendurch: Wie kann es sein, dass diese Eva ohne Adam leben konnte? Ganz allein sich um die Kinder kümmern bis sie groß waren? Heute keine Frage mehr. Damals aber ein großes Fragezeichen. Für alle, die sie kannten. Die Form gewahrt mit Mann nach außen. Wie es drinnen aussah, wusste nur sie, sie ganz allein. Chapeau petite Madame!

Ergab sich ihr Charakter, ihr Verhalten aus den Verhältnissen, in denen sie lebte? Theoretisch verheiratet, praktisch ohne Mann. War es die Nichtexistenz Adams, die sie zur Frau werden ließ, die sie war ein Leben lang? Kann Eva allein existieren? Bei Echsen und Rädertierchen ist es so. Parthenogenese nennt es die Wissenschaft. Wenn sie trotz ihrer Jungfernschaft – ohne Mann – unbefruchtete Eier legen und ausbrüten. Moderne Frauen scheinen mit dem Alleinsein kein Problem zu haben. Leben wie und wo es ihnen gut tut. Bekommen Kinder, wenn sie es wollen. Erziehen sie allein. Und genug damit zu tun, sich selbst treu zu bleiben. Auch keine leichte Sache. Heutzutage.

Bei Mama war es nicht anders und doch wie überall. Sie gebar viermal in acht Jahren. Und hätte noch viermal können, mindestens. Wenn ihr Hengst nicht zu faul gewesen wäre. Lebte sein Leben in der Dunkelkammer. Und blieb allein in seinem Dampfmaschinenbett.

Als die vier einen Beruf hatten, mit anderen verheirateten Menschen zusammenkamen, dachten sie zum ersten Mal konkret an Mann. Ihr Vater drängte sich vor. Er war das große Fragezeichen im Frauenhaushalt. Sie wussten, es gab ihn. Erlebt aber hatten sie ihn nie, wie andere Kinder. Er muss schon ein komischer Kauz sein. Oder? Ob alle Männer so sind? Oder ähnlich? Wollten sie doch selber einen eigenen Mann haben eines Tages. Keine schönen Aussichten.

An einem freundlichen Sommertag riskierten sie es, Papa in seiner Dunkelkammer zu überfallen. Das Geheimnis zu lüften. Vier erwachsene Frauen wollten wissen, warum alles so ist wie es ist. Kauften eine Cohiba mit schwarzgoldgestreifter Binde, eine der besten Zigarren aus Kuba. Jede Eva fühlt was ein Mann wünscht.

Zogen Mama ins Vertrauen und gingen im Gänsemarsch Richtung dritte Tür im dunklen Flur. Neben der Tür das Tischchen, auf das Mama sein Essen stellte, pünktlich wie ein Partyservice. Mia die jüngste voran. Ein bisschen aufgeregt schon. Weiß man, über welche Mordwerkzeuge er verfügte?

Erinnerten den Schraubenzieher. Papa zum ersten Mal aus der Nähe sehen als erwachsene Töchter. Ihm gegenüberstehen. In die Augen sehen. Welche Farbe haben sie wohl? Gedanken von Frauen, die bereits ihre Frau stehen.

Tilly verheiratet mit einem Fabrikdirektor, zwei Kinder, viele Gäste. Elly ehelich verbunden mit einem Telegrafensekretär, der sein halbes Leben auf den Obersekretär wartete, drei Kinder. Ali nicht verheiratet, im Schuldienst wie ihr Großvater. Mia, frech und vorlaut, Abteilungsleiterin in einem Versicherungskonzern. Hätte gerne Kinder. Aber ihr Verlobter Albert kam aus dem großen Krieg nicht zurück. Starb den Heldentod, seufzte Mia, bevor ihre Schwestern ihn kennenlernen konnten. Ob´s stimmte?

Sie klopften an die Tür. Einmal, zweimal, dreimal. Keine Reaktion. Mia, die vorwitzige, drückte kurz entschlossen auf die Klinke. Die Tür sprang auf, als zöge sie eine Feder. Im grellen Licht einer 100 Wattbirne blinkte Metall. Großes, rundes Metall. Räder, Stangen, Dampfrohr wie bei einer richtigen Dampfmaschine. Noch ließ sich niemand blicken. „Papa!" Als sie sich an die Helligkeit im Zimmer gewöhnt hatten, entdeckten sie das Bett. Quasi als Teil der Maschine. Nur kurze anderthalbmeter Matratze zwischen Kessel und Außenwand. Zerknautschte Wolldecke. An einer Seite ein Bremshebel. An der anderen eine Art Drahtauslöser. Papa in einer Bettmaschine?

Bevor ihnen klar war, was das alles sein sollte, ging eine Tapetentür auf an der rechten Seitenwand. Papa im Schlafanzug, beide ungewaschen, wie es schien. Jacke offen, sodass sie seinen dicken Bauch sahen. Das schmuddelige Unterhemd spannte. Typisch Mann, der lieber Robinson wäre.

Unverheiratet. Frauen an sich stören, seine Meinung. Der Vater der vier Mädchen vermied den Kontakt mit seiner Frau. Solange sie denken konnten. Warum, fragen sie sich immer wieder, warum hat er denn geheiratet? Jetzt wollen sie es wissen. Bevor eine der vier etwas sagen konnte – Entschuldigung oder hallo – hören sie seine Stimme.

Flüsterte fast, als traute er sich nicht, mit fremden Frauen zu sprechen. Begann unsicher: „Wer hat Sie reingelassen? Wer sind Sie überhaupt? Dann lauter: Das hier ist mein Reich. Kein Fremder hat hier etwas zu suchen. Raus! flüsterte er, als fände er so schnell nicht den richtigen Ton. Dann plötzlich brüllte er, als müsste er den wilden Löwen spielen. Mund aufgerissen unter dem Schnäuzer, sodass sie sahen, seine Zunge ist weinrot. „Raus!!!"

Ali, vernünftige Pädagogin versuchte die Lage zu retten: „Lieber, lieber Papa," betonte das zweite lieber. „Wir sind deine Töchter. Tilly, Elli, Mia und ich Ali. Wir wollen mit dir reden, dich kennenlernen. Nach so langer Zeit. Warum hast du dich zurückgezogen? So unendlich lange Zeit. Achtzehn Jahre waren es für Tilly, unsere älteste. Achtzehn Jahre ohne Vater."

Er brummte. Wusste nicht wie reagieren. Ging auf seine Maschine zu, als wollte er sie einschalten. „Ich soll vier Töchter haben?" Brummte, sodass die Töchter dachten, es ist die Maschine. Sprach weiter mit verhaltener Stimme. „Kannte nur eine. Tilly, habe ich Recht? Wollte keine Antwort. Sprach weiter, als spräche er mit sich selbst. „Zwei Jahre, in denen ich noch tagtäglich den Ehemann spielte. Dann die Kündigung bei Jagenberg. Wo ich eine Dampfmaschine bediente. Sie steuerte, lenkte, antrieb wie ein williges Ross.

Sie war für mich wie ein schönes Tier. Nach Feierabend polierte ich sie, dass sie blinkte wie neu. Eines Abends die Katastrophe: Ich sollte unerlaubt Material mitgenommen haben. Bleche, Rohre, Ketten, Räder und Schrauben jede Menge. Alles wertloser Schrott. Den sie sowieso auf die Halde gefahren hätten." Machte eine Pause. Wie erschöpft. Aus seiner Nase schnauften Töne, tropften Tropfen.

„Ich habe recht getan", sagte er zu sich selbst. Leben ohne Arbeit ist kein Leben mehr. Zog sich zurück in sein Zimmer. Verhängte die Fenster. Schraubte eine 100 Wattbirne in die Lampe. Genug Licht für einen, der ab sofort das Tageslicht meiden wollte. Und begann, nicht irgendeine, seine eigene Dampfmaschine zu bauen. Und war ab dato für die Familie verschwunden. So erinnerte er sich. Und jetzt plötzlich diese Frauen bei ihm, die behaupten, seine Töchter zu sein.

Mia, die jüngste nutzte die melancholische Stimmung, die sich in seinem Zimmer ausbreitete: „Hallo Papa, tolles Ding da! Es glänzt so schön. Kann sich auch was drehen? Und dampfen wie eine Lokomotive?" Da hatte sie ihn erwischt. Andere interessieren sich für seine Maschine. Auch noch Frauen, die steif und fest behaupten seine Töchter zu sein. Frauen, die von Technik nichts verstehen.

Ging mit einem entschlossenen Schritt auf den Hebel zu an der rechten Seite des Bettes. Schob ihn hoch, sie hörten es klicken, als rastete es ein. Bückte sich, die Gasflamme unter dem Kessel auf Volldampf zu drehen. Es zischte und wummerte wie ein Boiler, den sie aus dem Bad kannten. „So, gleich ist die Temperatur erreicht, die das Wasser im Kessel braucht um zu dampfen." Der Mann, fast zwanzig Jahre ein Nemo, war ein Mann. Mann mit einer Maschine.

Das große Rad begann sich zu drehen. Die Zahnkränze ringsum nahmen ein zweites mit, ein drittes Rad. Aus dem dünnen Rohr puffte Dampf in Richtung Lüftungsklappe im einzigen Fenster. Blickte seine Töchter an, als wollte er sagen: Mein Werk. Sagte es nicht. Tilly, Elli, Ali und Mia beeindruckt und enttäuscht, verließen das Zimmer. Keine Lust mehr auf Antworten aus der Dampfmaschine. Wollten Mama sagen: Papa ist eine Maschine geworden. Sagten es aber nicht. Verstanden seine Reaktion nach der Kündigung damals. Verstanden aber nicht, dass er Maschine bleiben wollte. Ohne Familie.

Für ihn, den Maschinisten aus Enttäuschung und Leidenschaft schien wieder alles in bester Ordnung zu sein. Nahm die Zigarre, betrachtete sie wohlgefällig von allen Seiten. Schnitt eine Kerbe und zündete sie an. Saugte solange, bis die Spitze glühte und von seinen Zigarren gewohnten Lippen weiße Kringel kreisend in Richtung Lüftungsflügel schwebten. Um vom Dampf der Maschine gnadenlos verschluckt zu werden.

Papa legte sich ins Bett. Fühlte sich wie Adam, der erste Mensch. Bevor seine Elisabeth quasi Eva auftauchte und Liebe verlangte auf Kommando. Mann ist doch keine Maschine. Anstellen, abstellen. Alle zwei Jahre tat er ihr den Gefallen. Viermal insgesamt.

Schaltete seine Bettmaschine ab, lehnte sich genießerisch zurück. Paffte und sah den Kringeln nach, den Hebel zum Abschalten noch in der Hand. Kaltes Eisen fühlen ist schöner als eine heiße Frau. Zufrieden mit sich selbst.

An die Frauen in den anderen Zimmern der weitläufigen Wohnung dachte er nicht mehr. Ließ sie gehen und bleiben, wo sie wollten. Zu was braucht ein Mann sie eigentlich? Wenn er eine Maschine hat, die ihn befriedigt. So anspruchslos und verlässlich ist keine Frau. Immer nur rätselhaft.

Über sich selbst, das Rätselhafte an ihm dachte er nie nach. Seine Frauen aber durchschauten ihn. Ließen ihn sein, der er war in ihren Augen. Kein bisschen neidisch.

Auspeitschung lediger Mütter 1782.
Radierung von Daniel Chodoiecki.

Lobby für ledige Mütter

*I*n Deutschland werden jedes Jahr ca. 50000 Kinder geboren, deren Väter nicht genannt werden. Verschwunden nach dem „Sexabenteuer". Unwillig, Verantwortung zu übernehmen. Oder anderen Ausflüchten. Im Erfinden von Gründen sind die „unfreiwilligen" Väter einfallsreich. Es sei noch zu früh, Frau könnte dahinterkommen. Unreife Jüngelchen, sexbesessene Mannsbilder und verheiratete Ehemänner. Die Frau bleibt allein im Ungewissen. Bitten und Betteln helfen ihr nicht. Rechtsbeistand nicht immer erfolgreich, geht es um Geld.

Von Enttäuschung und seelischen Nöten ganz zu schweigen. Frau muss es alleine austragen, weil die Natur es so will. Ist das Kind da, muss sie allein es schaffen. Verdienen, Haushalt erledigen, sich um das Baby kümmern. Ihm helfen, ein Mensch zu werden. Und auch noch lieben obendrein. Üble Nachrede ertragen.

Grundschullehrerin Luisa Staffelhuber statuierte ein Exempel. Nach mehr als 20 Jahren allein mit ihrem Sohn wollte sie sich nicht mehr schämen. Allein den Spott anderer über sich ergehen lassen. Das herablassende Gehabe. Als Mutter mit Kind ohne Ehemann, in den Sechzigern gesellschaftlich unakzeptabel. In katholischen Kreisen heute noch scheel angesehen. Wie war das noch mit Maria, der Mama von Jesus? Ist der Heilige Geist etwa ein Mann? Kind zeugen und ab ins Nirgendwo.

Luisa gründete den Verein lediger Mütter e.V. Konkreter Anlass waren Erwachsene, die Vorbilder sein sollten. Erziehungsberechtigte in Schule und Kirche. Filius Mario war ihnen ausgeliefert. Der Lehrer in Gemeinschaftskunde sprach über die Familie. Familie mit Vater und Mutter als gesunde, von Gott gewollte Basis der Gesellschaft. „Uneheliche Kinder würden meist Verbrecher", konstatierte er. Der zehn jährige Mario schockiert. Schämte sich und wusste nicht warum. Heulte, bis seine Mama nach der Arbeit zuhause war. Erzählte.

Einige Jahre später Konfirmandenunterricht. Der Dekan, geistlicher Führer und Menschenfreund traktierte Mario mit Fragen nach seinem Vater. Obwohl er Bescheid wusste. Von einem Priester hätte man Verständnis erwartet und guten Willen. Vater unser im Himmel zumindest. Wenn er nicht schon den väterlichem Freund spielen wollte. Mario viele Wochen verstört. Seine Mama voller Sorge machte sich Gedanken. Wie immer schon. Jetzt entschlossen zu handeln.

Kann man nicht wenigstens den Kindern helfen? Aus der Diskriminierung heraus lassen? Sie können doch nichts dafür, dass sie keinen Vater haben. Der damaligen bundesamtlichen Statistik zufolge gab es ca. 900000 minderjährige, vaterlose Kinder. Den wenigsten von ihnen blieb gesellschaftliche Diskriminierung erspart. Selbst ein Willy Brand, unehelicher Sohn und späterer Bundeskanzler, musste sich taktlose Anspielungen politischer Gegner gefallen lassen.

Zutiefst enttäuscht und zornig auf die „normale" Gesellschaft zog Luisa die Konsequenzen. Meldete den Verein bei der Behörde.

Damals ein mutiger Schritt. Immer noch galten unverheiratete Frauen mit Kind als „unanständige Mädchen". Bei Männern war Kind ein Kavaliersdelikt. Die Herren-Magd-Moral immer noch Grundlage des Unehelichenrechts. Luisa schritt zur Tat. Veröffentlichte eine Chiffre-Anzeige in der Stuttgarter Zeitung, dem Mannheimer Morgen und im Schwarzwälder Boten: „Ledige Mütter! Schließen wir uns in einem Verband zusammen." Dreieinhalb Monate später wurde der Verband gegründet. Luisa Präsidentin.

Ein anonymes Schreiben erhellt die Situation, in der sich die vereinigten Frauen befanden: „Es ist eine Schande, dass Sie als Lehrerin ein uneheliches Kind haben und eine Unverschämtheit ohnegleichen auch noch einen Verband solcher sittenloser Weiber zu gründen." Der Briefumschlag trug den Stempel der Stadt München. Der Weltstadt mit Herz?

Die Regierung in Bonn musste den Verein zur Kenntnis nehmen. Luisa verlangte die Rechtslage zu reformieren. Anzupassen an die Realitäten im Land. Ihre Forderungen: Unterhaltszahlungen nach dem Status des unehelichen Vaters zu berechnen, nicht wie bisher nach dem der unehelichen Mutter. Eheliche und uneheliche Kinder erbrechtlich gleich zu stellen. Name und Beruf des Vaters im Geburtsregister und der Geburtsurkunde des unehelichen Kindes einzutragen. Das uneheliche Kind soll den Namen seines Vaters an den seiner Mutter hängen können, wenn es das will.

Öffentlich auftreten wollte Luisa nicht. Sie fürchtete Anpöbelungen. Im Verein arbeiteten mittlerweile 60 Frauen mit gleichem Schicksal. Sie durchdringen wie ein Sauerteig die konventionelle Welt. Und erleben tagtäglich wie schwer es ist, Rollenbilder zu ändern. Ein halbes Jahrhundert danach ist es zwar besser geworden. Mütter und ihre Kinder werden versorgt. Kitas und Firmen bieten ledigen Müttern Entlastung.

Aber gewisse Kreise der Gesellschaft halten noch an traditionellen Rollenmustern fest. Luisa ist sicher lange schon Oma und müde. Ihr Mario verheiratet und glücklicher Vater. Sein Kind soll es einmal besser haben.

Rose Nisselburg, 28 Jahre Geliebte und Ehefrau des Oskar Berengar-Baldow. 1938-2009

Bis dass der Tod euch scheidet

Oskar Berengar-Baldow Architekt und Rose, geborene Nisselburg, Gesprächstherapeutin. Ein Ehepaar wie andere. Glücklich verheiratet wie es den Anschein hatte. Als er Rose zum ersten Mal sah, flüchtiger Blick und gefesselt sofort. Sie stießen in der Tür zusammen. Er wollte raus, sie rein. Aus diesem Knall auf Fall entwickelte sich eine Liebeserklärung von 245280 Stunden Dauer. 28 Jahre erlebt und erlitten und glücklich gewesen trotz allem. Rückblickend erscheint sie ihm wie eine Göttin. Strahlend wie eine vom Himmel gefallene Sonne. Sie lächelte an dem Abend in der Tür. Als könnten ihre Bernsteindunklen Augen nicht anders als lächeln. Ihre blassrot geschminkten Lippen öffneten sich zum Oh. Nachdem er sie mit seinem „Pardon Madame" überrascht hatte. Eine Grande Dame.

Er ein unbekannter Witwer im grauen Pullover. Der gerade seinen Vortrag beendet hatte. Hinausstürmte, frische Luft zu atmen nach heftiger Diskussion. Über das Thema kann man lange reden ohne übereinzustimmen: „Kommunikation zwischen Unternehmensführung und Mitarbeitern". Sie versuchten es beim Kaffee in der Pause. Aber zwischen ihnen hatte es gefunkt. Andere Themen drängten sich auf. Fanden eines, das sofortige Entscheidung verlangte. Sie trafen sich am selben Abend noch zum Spargelessen. Und blieben zusammen ein ganzes Leben.

Wer ist diese Frau? Fragte er sich. Dieses Wesen, das auf den ersten Blick fasziniert, einnimmt auf beherrschende und gleichzeitig rücksichtsvolle Weise. Männlich und weiblich ist zu gleicher Zeit. Für ihn war sie Aphrodite, die griechische Göttin der Schönheit, Liebe, Fruchtbarkeit. Obgleich er die Göttin nie gesehen hatte, bildete er sich ein. Sie muss wie Rose sein, die Königin der Blumen. Rosen, Anemonen waren ihre liebsten.

Oskar ist motiviert. Seine künstlerischen Talente wie losgelassen, die neu erwachte Liebe in Worte und Farben zu fassen. Es begann spontan, hielt an Jahrzehnte. Fotografierte die Schöne da, wo die Umgebung ihre Schönheit noch schöner erscheinen ließ. Nackt ins Meer steigend. In der gemusterten Andenjacke vor barockem Eisengitter. Mit breitrandigem Strohhut aus Reisstroh vor den Masten der Segelboote im Hafen. Lachend, ernst, laut redend. Schweigend, wenn sie sich liebten.

Und nicht aufhören konnten, zu schweigen und zu lieben. Alles auszukosten, bis sie müde waren. Um sich erneut zu sammeln für Kommendes. Rose, das Weib in seiner Frau. Geschmeidig, anpassungswillig, duftend nach Cinnaba.

Die maskuline Rose im schnellen, präzisen Wort. In philosophischen Ansichten über das Ende unserer Spezies. Günter Anders Buch „Die Antiquiertheit des Menschen" im Kopf. Eigene Gedanken wie aus männlicher Sicht. So kam es ihm vor. Entschieden. Undiskutierbar. Ist Rose der Prototyp einer neuen Generation von Frauen? Sowohl als auch?

Nicht mehr die willige Geliebte für Bett und sonstige Spielereien männlicher Fantasien. Selber entscheiden, was Frau will. Wie Frau will. Solange Frau will. Mögen Männer solche Frauen?

Oskar war ahnungslos, voller Erwartung am Anfang. Es könnte ein Wunder geschehen. Den Suizid seiner ersten Frau noch in Knochen und Gemüt, hoffte er auf eine Frau, die sich für ihn entscheidet, so wie er ist. Wie er sich fühlt.

Sein Leben auf den Kopf stellt, wenn es sein muss. Hauptsache glücklich. Glücklicher als momentan. Lass sie doch mit mir tun, was sie will. Wie sie es will. Solange sie es will. Ich bin ihr Knecht. Er ist ihr in Liebe verfallen. Wie nie einer Frau vorher. Und blieb ein Mann. Von einer Frau geliebt wie von keiner zuvor.

Zum ersten Mal ergriff eine Frau die Initiative. Ihre Lippen fanden das Zentrum seiner Männlichkeit. Seine und beider Wonnegefühle auf Hügeln, in Tälern ihres Leibes. Lust und Wiederholung, sich zu erkennen. Es hat nicht nachgelassen all die Jahre. Sich gesteigert, wenn Lust zu steigern wäre. Jeder Moment ein Augenblick im Himmel. Blick in einen Dauerzustand, der die Kürze einer Sekunde hat. Längstens. Ihre Schönheit aber blieb, solange sie lebte.

Ihr rotgoldblondes Haar, mit den Jahren weiß grau an den Ansätzen. Die kleinen Fältchen in den Augenwinkeln. Die schlaffer gewordenen Brüste. Narben nach zwei Operationen an Bauch und Hüfte. Bequemere Schuhe nach den Stiletts der ersten Jahre. In Kleidern Und Hosen immer noch seine Königin. Leitbild einer Frau in seinen Augen. Bei den Tischgesprächen unverändert schnelle Diskutantin. Bis ihr der Atem stockte.

Wörtlich. Ein Lungenemphysem vergrößerte sich. Nicht mehr genug Sauerstoff in der Lunge, im Blut. Ihre Reichweite schrumpfte von zweieinhalbtausend Kilometern auf drei. Auf den nahen Tuniberg. Weinhügel nahe Freiburg. Eben musste der Weg sein. Eine Bank bitte sofort. Und schönes Wetter. Ein zweites Leben begann.

Eines, das nur den Anschein hatte, das gleiche zu sein wie vorher. Zwar frühstückten sie am dunkelkirschrotlackierten Tisch. Einander gegenüber wie immer. Redeten, aßen und ließen sich Zeit. Mehr als zuvor. Sie schien müde zu sein. Nicht mehr so unternehmungslustig wie früher. Als sie vom Tisch aufsprang, spülte, sich anzog und hinaus. In die nahen Weinberge. Ins Auto, auf die Autobahn, bis die Alpen hinter ihnen lagen. Und die Sonne Italiens ihren Gedanken und Worten eine andere Richtung gab.

Jetzt ist der erste Hub aus dem Sauerstoffgerät fällig. Er sah, dass Atemnot sie unruhig machte. Von Tag zu Tag öfter, stärker, wie ihm schien. Langsamer ging sie, als hätte sie die Kraft verloren, die sie noch vor zwei Jahren zwei Stufen auf einmal springen ließ.

Dann ein Darmverschluss. Innerhalb drei Monate zweimal Darmverschluss, Krebs im Hirn. Nachhause entlassen im Rollstuhl mit guten Wünschen. Oskar der einzige Halt in den letzten drei Wochen. Er spürte, jetzt kommt es auf mich an. Ließ alles andere sein. Meldete sein Gewerbe ab und kümmerte sich nur noch um seine Rose. Ein Gefühl wuchs in ihm. Nahm Besitz von ihm. Und ließ ihn nicht mehr los. Ich liebe sie, mehr als je zuvor. Sein erstes Gedicht fiel ihm ein:

„Wir sind um das Schloss gegangen – am Mittag, zur Sonne um Zwei – wir haben einander umfangen – nichts anderes als uns umfangen – und waren gefesselt und frei."

Quälte sich mit seinem kaputten Kreuz, sie aus dem Bett zu heben. Fuhr sie mit dem Rollstuhl ins Bad, um sie zu waschen, abzutrocknen, einzukremen. Sanft wie nie zuvor ihre Brüste zu streicheln. Wie eine letzte Liebeserklärung. An den Frühstückstisch. Im Aufzug hinunter in den Park. Um den See herum. Und dachte, wird das unsere Zukunft sein?

Leben endet im Rollstuhl und an der Sauerstoffmaschine. Tag und Nacht. An was sie wohl denkt? Was geht in ihrem Kopf vor? Der bis vor kurzen noch Geist versprühte, ihn wach rüttelte aus seiner Nachdenklichkeit. zu spannenden Disputen. Immer schon akzeptierten sie die Resultate verschiedener Ansichten. Niemand blieb auf der Strecke. Liebe und Respekt erhielt ihre Zweisamkeit achtundzwanzig Jahre. Jeder ließ den anderen sein, der er war. Und wurde doch ein anderer. Das arme Kind, was denkt sie wohl? An sich selber dachte er nicht.

Ein Letzter Darmverschluss. Der dritte. Narkose. Operation. Aufwachen nicht allein im Zimmer. Der Tod am Bett. Eine letzte Therapie. Maximaltherapie. Die Kerze brannte neben ihrem Bett. Flackerte. Oskars Kopf auf ihrer Brust. Weint und konnte nicht aufhören zu weinen. Spürte ihre Hand auf seinem Kopf. Ihn streicheln, mit letzter Kraft, wie es schien.

„Ich liebe dich", gehaucht ihre letzten Worte. Ein letzter Atemzug. Drei Stunden vor Heiligabend. Eva war gegangen. Adam allein.

Bald beginnt er zu schreiben. Bilder zu malen von der Schönen. Auferstanden seine Rose von den Toten. Erlebt im Konterfei, hundertfach variiert. In allem Geschriebenen, das silberne Silben und goldene Worte verwendet, Erinnerungen weckt. Und Hoffnung auf neue 245280 Stunden.

Julien Flecher, 37 Jahre, Steinbildhauer mit Töchterchen Mona Marie, 3 Monate.

Neue Männer braucht das Land

Bis vor kurzem scheinen Adam und seine Nachfahren die Nummer Eins geblieben zu sein. Frau blieb Frau, also die Nummer zwei. Trotz gelegentlicher Nadelstiche in die schwachen Stellen des starken Geschlechts. Daraus genutzter Vorteile. Trotz der ein oder anderen Ausnahmefrau, die, die Rolle umgekehrt, sich selbst zur Prima inter Pares machte. Mann sah und sieht sich bis heute als die Nummer Eins. Aber die Zeiten haben sich geändert.

Unsere Zeit ist süchtig auf Neues. Warum sollen nicht Mann und Frau ihre Rollen tauschen? Kleine Mädchen spielen bereits Heiligedreikönige. 1982, viertausend Jahre nach Adam begann eine Periode, die die Gesellschaft verändern sollte. Ein Song, bald ein Hit, leitete sie ein: „Neue Männer braucht das Land". Wer hatte die Idee? Männer kämen nicht darauf. Eine der emanzipierten Frauen? Nun soll Mann sich auch noch emanzipieren. Von was? Fragt mancher Mann sich ängstlich? Eindeutig war es nicht. Emanzipieren von Frau generell? Dieser oder jener ihrer Eigenschaften, die bis dahin rätselhaft waren, oder noch sind? Wie soll das gehen?

Die populären Medien traten als erste den Nachweis an. Dem Einfallsreichtum waren keine Grenzen gesetzt. Stern, Bildzeitung, Frau im Spiegel entdeckten überall im Lande „neue Männer". Bei Kindererziehung, in Sport und sogar im Haushalt. In der Sexualität mitfühlende Partner.

Männer, von denen man glaubte, sie ständen über allem Gerede, posierten den Fotografen mit Frau und Kindern. An Wickeltisch, Waschkommode, beim Spazierengehen, auf dem Fußballplatz. Es sah alles so positiv aus. Politiker, Sportler, Bosse von Unternehmen vorneweg. Als wollten sie aller Welt zeigen: wir lieben nicht nur den Erfolg, sondern ebenso, wenn nicht sogar mehr, unsere Familie. Geschreibe und Gerede um Selbstverständlichkeiten machten so viel Lärm, dass kritische Stimmen nicht gehört wurden.

Amerikaner waren wie so oft früher am Thema als ihre europäischen Kollegen. William Pollack, ein Psychologe, der sich auf Jungen spezialisiert hatte, wies darauf hin, dass im Umgang mit Jungen immer noch der überholte Verhaltenskodex Gültigkeit besaß. Vorstellungen des 19. Jahrhunderts!

Der Kulturkritiker Georg L. Mosse bewies in diesem Kontext, dass sich die traditionelle Männlichkeit gehalten hat. Trotz aller gesellschaftlichen Veränderungen. Dieser Männertheoretiker – so definiert er sich selbst – schlussfolgerte: Die Führungsebenen in Wirtschaft, Militär und Politik sind immer noch die – jetzt aufpassen – „korporative Inszenierung" traditioneller Männlichkeit. Typisch für das Gros der Wissenschaft, schwer verständliche Begriffe zu benutzen, um eine normale Sache einfach zu erklären. Im Klartext: Der „neue Mann" sei ein Ablenkungsmanöver. Lenke ab von der nachgewiesenen Tatsache, dass das traditionelle Männerbild unverändert gültig war. Dass Angela Merkel Kanzlerin wurde, verdankte das Land der Schwäche seiner Männer.

Man sieht, die Rollenbilder scheinen wirklich am Anfang eines neuen Verständnisses zu stehen. Beginn einer Veränderung zu sein. Theoretisch jedenfalls. Die meisten Paare wünschen sich egalitäre Verhältnisse bei Umfragen. Mal hütet der Mann die Kinder, mal die Frau. Beide können sich gut vorstellen, die Rolle des anderen zu spielen, wenn die jeweilige Situation es erfordert. Ganz pragmatisch den Blick auf das Heute gerichtet. Und die Zukunft. Doch wie sieht es in der Praxis aus?

Aktuelle Bücher zeigen das Dilemma. In ihnen spiegeln sich die Veränderungen der Gesellschaft in nüchternen Zahlen und Belegen wieder. Nicht zur Freude der Initianten des neuen Mannes. Die deutschen Sozialwissenschaftlerinnen Koppetsch und Speck schrieben ein wichtiges Buch, in dem sie ihre Forschungsergebnisse darlegen. Verständlich für alle und überzeugend. „Wenn der Mann kein Ernährer mehr ist" der provozierende Titel.

Sie untersuchten alle sozialen Milieus. Die Resultate zeigten wenig Übereinstimmungen mit dem öffentlich plakatierten Trend. Sogar bei Paaren mit höherem Einkommen hat sich das traditionelle Rollenbild nicht entscheidend geändert. Offenbar sind Tradition und überlieferte Bilder stärker als eine sozial veränderte Wirklichkeit. Film und Fernsehen fördern diesen Zustand. Überspitzen im Kabarett. Verharmlosen im Melodram. Dramatisieren in zahllosen Krimis.

Im September 2014 fand in Düsseldorf der dritte wissenschaftliche Männerkongress statt. Das Thema lautete: „Angstbeißer, Trauerkloß, Zappelphilipp." Seelische Gesundheit bei Männern und Jungen. Teilnehmer Franz und Karger konstatierten: Vieles deutet darauf hin, dass seelisch bedingtes Leiden und Sterben bei Jungen und Männern heute oft noch unterschätzt wird. Häufig sogar einfach übergangen. Es läge aber nicht nur an den Männern. Mehr noch an den Abwehrmechanismen in der Gesellschaft. Krank sein und sterben ein Tabu. Daran denken? Lieber nicht.

Walter Hollstein, emeritierter Professor für politische Soziologie, zog das Fazit aus zahlreichen Vorträgen: Das männliche Geschlecht schwächelt. Es ist kränker als das weibliche. Stirbt früher, bringt sich häufiger um. Leidet mehr unter Arbeitsstress, anfälliger gegen Sucht und bei allem medizinisch ungenügend versorgt. Armer Adam!

Ein anderer Teilnehmer: der männliche Rollenkäfig sei verantwortlich. Auch Männer haben eine Seele. Kein larmoyanter Vorwurf gegen die feministische Adresse. Sondern dringend notwendig, Männer daran zu erinnern, ihre seelischen und emotionalen Bedürfnisse nicht zu leugnen. Die schweigende, rollenkonforme Härte gegen sich selbst aufzugeben. Nicht mehr so tun, als sei alles in Ordnung, wenn´s brennt.

Selbiger Autor ist aber auch überzeugt, dass es nicht nur an den Männern liegt. Das Desinteresse an diesem Thema grenze an kollektive Empathielosigkeit. Es fehle an Angeboten und Programmen, die auch männer- und jungenspezifische Bedarfslagen auf greifen. Den Stellenwert dieser Arbeit in der Öffentlichkeit angemessen bewerten.

Mann in Not. Neue Therapeuten braucht das Land".

Soll Frau jetzt jubeln, Freudentänze aufführen? Endlich bin die Nummer Eins. Kann einen Beruf ergreifen, der mir Spaß macht. Tag und Nacht Musik hören, die mich antörnt. Die Kinder aufziehen, wie ich es mir vorstelle. Lieben, wen ich will. Suche mir den Kerl, der am besten im Bett ist. Das meiste Geld auf dem Konto hat. Und mich machen lässt.

Geheime Wünsche, die in meiner Fantasie entstehen purer Blödsinn, sieht nüchtern die Frau. Sitze in meinem Rollenkäfig und überlege. Was würde ein Therapeut tun? Wie fange ich es an, den meinigen zu überzeugen, dass ich mitreden und entscheiden will. Ohne dass er flennt wie ein Vierzehnjähriger, den die Schulfreundin verlassen hat. Da kann ich doch nicht kühl bleiben. Müsste ihn streicheln, küssen da wo er es am liebsten hat. Und mich ihm hingeben wie eine Sklavin. Die ich, genau besehen, immer war. Das Problem wäre nicht kleiner geworden. Welche Strategie verspricht Erfolg in solchen Fällen?

Therapeutischer Ratschlag: Frau muss beides sein. Frau und Mann. Will sie die Möglichkeit haben, auch ihre Bedürfnisse und Interessen durchzusetzen. Erkennen, auch der Mann hat zwei Seiten, Eine störrisch wie ein Esel. Die andere weich wie ein Dreiminutenei. Wer geduldiger hinhört, unterscheidet, welche Seite es ist im Moment, die ihr entgegen kommt. Nachgeben nicht mehr nötig. Den rechten Moment erwischen, darauf kommt´s an. Frau konnte das immer schon besser als der Mann, intuitiv. Jetzt muss sie es wollen.

Gegensätzliche Auffassungen so lange modifizieren, bis sie sich angeglichen haben. Niemanden als Verlierer zurücklassen. Mit Gegenfragen ihn herausfordern, seine wahre Meinung zu äußern. Die sein Innerstes öffnet. Und Gefühle zeigt. Die einzige Ebene, auf der beide, Mann und Frau sich begegnen können. Alte Vorstellungen passé. Neuer Mann und neue Frau.

Momentan aber ist alles verquer. Die einen behaupten, es gäbe jetzt den neuen Mann. Mann nach den Wünschen der Frau. Könnte Partner sein. Auf gleicher Stufe sie, die Frau. Das Rätsel kein Rätsel mehr. Oder?

Die anderen definieren den kranken Mann. Um den man sich mehr kümmern muss. Ihn fähig machen, aus dem Rollenkäfig auszubrechen. Den jahrhundertelange Tradition als Norm für den Mann festgelegt hat wie ein Gesetz. Man könnte auch Adam dafür verantwortlich machen. Den ersten Menschen.

Ausgestattet mit allem, was Mann damals brauchte, sich zu behaupten. Gegenüber allem, das Rätsel Eva eingeschlossen. Langlebige Gene dito. Die haben sich vererbt, wie Wissenschaft bestätigt. Da sind und funktionieren ohne uns zu fragen, sich schon gar nicht beeinflussen lassen. Mal gespannt, wie lange der neue Mann lebt. Soziale Usancen sind ein schwacher Trost.

Frauen als Therapeutinnen dito. Sie waren es, sieht man genau hin, immer schon. Was soll sich ändern?

Kriminaldirektor Josef Wilting, Seit 22 Jahren Chef der Berliner Mordkommission, resümiert, 90%

aller Mörder sind Ehemänner. Die sonst ein unbescholtenes Leben führen. Nur jeder zehnte Täter ist eine Frau. Es gibt keine Serienmörderinnen, Auftragskillerinnen und Triebtäterinnen. Es läge nicht in der weiblichen Natur. Meint der Kriminalist.

Grundsätzliche, aber nicht überraschende Erkenntnis: Wo sich Menschen nahe sind, ist auch das Konfliktpotential am höchsten. Eine Ehe, das klassische Beispiel. Gottseidank kommt es nur selten zum Äußersten. Aber den Kleinkrieg müssen wir weiter einkalkulieren. Die Emanzipation dazu nutzen das Risiko klein zu halten. Frau und Mann. Kleinkrieg kann das Salz in der Suppe sein. Oder schwierige Sachverhalte klären. Entscheidungen treffen, hinter denen beide stehen.

Seit Katharina de Medicis Zeiten hat keine Frau mehr einen Mann vergiftet, liest man. Weiß man´s? Aus der Geschichte zu lernen ist noch niemandem geglückt. Das Rätsel der Frau ist das der ganzen Menschheit. Oder hatte Adam die falschen Gene? Er selber das Rätsel?

Alice Schwarzer, Frauenrechtlerin, Redakteurin, Korrespondentin, Star in Talkshows und Autorin vieler Bücher über die Beziehung zwischen Frau und Mann. Lehraufträge an Universitäten.

Alice, Alice!

Kaum hatten Eltern Alexander Sutherland Neill verkraftet. Seine mit dem schönem Buchtitel „Summerhill" verklärte antiautoritäre Erziehung versucht umzusetzen. Mit wechselndem Erfolg. Da erscheint Alice. Ikone der Frauen-Emanzipation in Deutschland. Leitfigur für die Frauen. Rotes Tuch für die Männer. In den Siebzigern begann es in Paris. Alice, in den Genen Frauenrechtlerin, suchte bei einem Parisaufenthalt Kontakt zu Frauen, die genauso dachten wie sie. Gemeinsam mit Simone de Beauvoir und anderen gründete sie die MLF. „Movement pour la libération des femmes". Bewegung für die Befreiung der Frauen.

1971 bekannten 343 Frauen, unter ihnen viele Prominente in „Le Nouvelle Observateur": „Wir haben abgetrieben!" Cathérine Deneuve und Simone de Bouvoire vorneweg. Sie forderten, Abtreibung zu legalisieren. Das Gesetz zu ändern, dass sie bei Strafe verbot. Alice exportierte die Protestaktion nach Deutschland. Motto: „Frauen gegen § 218". 374 Frauen unterschrieben das Bekenntnis: „Wir haben abgetrieben".

Protest! Protest! Predigten die Kirchen. Einen anderen Menschen töten ist Sünde wider den Geist Gottes. Wider das Leben. Die große Frage: Ist ein

Fötus schon ein Mensch? Diskussionen in den Familien. In den Medien seitenlange Kommentare von Männern, die keine Ahnung hatten. Was Frauen fühlen bei solchen Diskussionen. Wie sie sich vorkommen als Frau. Gebärmaschine oder Abtreiberin zu sein. Ihr Gewissen will es nicht. Not zwingt sie dazu. Ihr Denken kreist um Kind oder kein Kind? Hatte sie das ungewollte Pech schwanger zu sein, riss es sie in Stücke. Und keine Alice konnte ihr helfen. Weil ihr Gewissen pochte. Das Ungeborene liebte, bevor es da war.

Alice verfolgte das Ziel eines Gleichheitsfeminismus. Absolute Gleichstellung von Mann und Frau. Im Gegensatz zu Simone de Beauvoir, die Mann und Frau als verschiedene Identitäten betrachtete. Konsequenterweise sind Alices Forderungen radikal. In vielen ihrer Bücher kann man es nachlesen. Wenn man´s genau wissen will.

In ihrem erfolgreichsten Buch „Der kleine Unterschied und seine großen Folgen" ist es formuliert. Unmissverständlich. Männer empört, Frauen ratlos anfangs. Dann begeistert die Mutigen: „Sexualität ist gleich Männlichkeit. Zugleich Spiegel der Unterdrückung der Frau in allen Lebensbereichen. Hier fallen die Würfel", schreibt Alice. „Hier sind Unterwerfung, Schuldbewusstsein, Männerfixierung verankert. Traditionell die Grundlage für Macht der Männer und

Ohnmacht der Frauen. Nach wie vor ist Frau als Gefährtin unbequem. Als Kollegin gefährlich. Mann deklassiert sie als nicht begehrenswert".

Alice plädiert für freie Sexualität. Lehnt Pornografie ab. Protestzüge mit dem Logo POR-**NO**! Filmstars wie Inge Meisel, Erika Pluhar, Margarethe von Trotta dabei. Ihre Sexismusklage wurde vom Landgericht München abgewiesen.

Alice entschiedene Gegnerin von Kopftüchern in der Öffentlichkeit. Es stigmatisiere die Frau, mache sie zur Sklavin des Mannes. Zum Glück hat es sich heute geändert. In den Köpfen einiger Politiker und in Praxi. Mann gibt sich den Anschein von Toleranz. Handelt entsprechend. Publiziert es. Aber ehrlich gemeint?

1977 erschien „Emma", die Hauspostille Alices. Mit spitzer Feder geschriebene Kolumnen gegen alles was männlich ist. Gezeichnete Cartoons mit gleicher Verve. Die anfängliche Auflage von 200000 schrumpfte auf 36035 Exemplare 2014. Unsere Zeit hat andere Themen. Oder ist Frau pragmatischer geworden?

In „Emma" veröffentlichte Alice 19 Fotos von Helmut Newton, dem weltbekannten Modefotografen. Sie prangerte seine laszive Art an, Frauenkörper als Sexmodell zu zeigen. Voller Zorn riskierte sie, die Fotos ohne Genehmigung des Newton-Verlages zu veröffentlichen. Dieser verklagte den Emma-Verlag wegen Verletzung des Urheberrechtes, forderte Schadenersatz. Emma verlor und musste zahlen.

Einmal äußerte Alice, Frauen seien nicht unbedingt bessere Menschen. Nur ohnmächtig. Greifen deshalb zu psychologischen und anderen Tricks. 1994 kam ihr ein Pressebericht aus den USA zu Hilfe. In dem die Psychologin zur Täterin wurde.

Der Fall Lorena Bobbitts. Diese Frau hatte ihrem Mann John den Penis abgeschnitten. Nachdem er fremdgegangen war. Sie zum Schwangerschaftsabbruch gezwungen hatte. Immer wieder gedemütigt und geschlagen. Ein Fall für Alice. Schrieb in „Emma", als hätte sie ein Messer in der Hand:

„Sie hat ihren Mann entwaffnet. Eine tat es. Es könnte jede tun. Der Damm ist gebrochen. Gewalt ist für Frauen kein Tabu mehr. Es kann zurückgeschlagen werden. Frauen denken nicht mehr nur an Petersilie hacken, wenn sie das Küchenmesser sehen. Frauen bleibt nichts anderes übrig, als selbst zu handeln. Da muss ja Frauenfreude aufkommen, wenn eine zurück schlägt. Endlich."

Hat Alice den Frauen geholfen mit ihrer bewusst übertriebenen Rhetorik? Dem überzeichneten Feindbild Mann? Eines muss man ihr lassen: Jede und fast jeder hat es gemerkt, es wehte ein anderer Wind. Eva hat die Zügel an sich gerissen. Wenn auch noch lange nicht alle Exemplare dieser Gattung. Die alten Rollenmuster sind immer noch virulent, wie wir gelesen haben.

Es ist stille geworden. Auch um Alice. Gelegentlich tritt sie vor die Kamera. Wiederholt ihre Thesen, immer noch dieselben. Wenn auch mit „vernünftigem" Unterton. Männer sind auch Menschen. Sie will nicht mehr den Diabolos spielen. Die Zeitschrift „Cicero" setzte sie auf Platz vier der Rangliste einflussreichster deutscher Intellektueller. „Die Frau mit der größten öffentlichen Deutungsmacht". Waren das Zeiten, als Mann den Mut hatte, eine Emanze in den Himmel zu loben. Oder wollte er den Umsatz des Blattes bei Frauen beschleunigen? Auf Kosten der Männer.

Ich frage mich zum Schluss, ob Alice jemals verliebt war. Bis über beide Ohren, wie man sagt. Neben, auf unter einem nackten Mann im Bett gelegen und Liebe gemacht? Weiß sie überhaupt wie sich das anfühlt? Weiß sie, was ein Mann empfindet, wenn er eine Frau sieht? Eine attraktive mit wiegendem Schritt und schmaler Hüfte? Schönheitsideal der westlichen Welt. Oder eine mit herausfordernd großem Hinterteil? In Afrika die Nummer Eins. Manchmal hat es den Anschein, als war und ist Mann ein persönlicher Feind Alices. Enttäuscht vielleicht irgendwann? Oder Rache?

Wie dem auch sei, sie ist eine öffentliche Person. Abgetaucht in rosiges Dämmern vergangener Wunschvorstellungen. Geehrt mit Orden und Kreuzen. Geladen zu einschlägigen Talkshows.

Berufen an Hochschulen, die neue Frau zu lehren. Weiß nicht, wieviel Männer ihr zuhören. Beim abendlichen Fernsehen ein Bier trinken oder zwei. Und sich freuen, dass Frau neben ihm sitzt und die Flasche öffnet.

Alice scheint milde geworden zu sein. Lächelt in die Kamera. Den Männern zu. Und denkt sich ihr Teil. Sie könnte es wissen. Weil sie eine Frau ist. Eine von Billionen Varianten des weiblichen Geschlechts. Nur welche genau? Das ist die Frage.

Mann wird sie nicht beantworten können. Und nicht die Frau. Gott, Schöpfer von Adam und Eva, wird es wissen. Könnten wir ihn fragen.

Quintessenz

Falls ich mit diesen Frauen in meinem Buch richtig liege, ist Frau kein Rätsel. Sondern ein Universum. Das zu erforschen sich für den Mann lohnt. Er will doch zum Mars und neue Sonnensysteme entdecken. Rate ihm, den Mars links liegen zu lassen. Und directement die Venus anzusteuern. Vorher sich aber die richtigen Gedanken zu machen.

Lernen wir von Kölnischer Lebensweisheit: „Jede Jeck es angers. Auf Hochdeutsch: Jeder Mensch ist anders. Kölner sind Philosophen. Wissen, jeder hat seine Macken. Unvollkommen jedermann. In dem, was er ist, was er denkt, was er sagt, was er tut. Ein Mensch eben. Das Wort impliziert die Rolle, die alle spielen. Nicht nur an Karneval. Frauen eingeschlossen.

Es lohnt einen Augenblick innezuhalten. Wie ist das mit der Rolle? Eine Rolle spielen heißt, ein anderer dirigiert. Und sagt, was zur Rolle passt. Ein Regisseur in dem Theater, das unser Leben ist. Schon wieder Gott im Spiel? Seit Adams Zeiten und immer noch? Oder Konventionen, denen wir folgen wie im Zwang. Unsere eigenen Träume? Vom anderen Menschen, der wir nie werden können. Gefesselt an unsere Natur. Können wir denn nicht selbst entscheiden? Wenn wir es wollen? Und schon sind wir bei der menschlichen Natur. Der männlichen, der weiblichen.

Den Unterschied zwischen Mann und Frau kann niemand wegmanipulieren. Keine noch so wortgewaltige Frau. Kein Gesetz. In der Natur ist alles genauso angelegt wie beim Menschen. Alles, was lebt, unterliegt dem gleichen Gesetz des Überlebens. Tiere, Pflanzen und Mikroorganismen. Eines besamt, das andere produziert die neue Zelle, den Nachwuchs. Wenn sie sich nicht gegenseitig attraktiv fänden, anzögen, quasi aufforderten, käme nichts dabei heraus. Alles, Mensch, Tier und Natur gingen den Bach hinunter.

Man stelle sich vor, ein Hund bespräche sich vor dem ´Sprung auf´ mit der Hündin, ob es recht sei. Der Schmetterling fragte vor der Bestäubung den Löwenzahn, ob er ihn empfangen möchte. Die fleißige Biene müsste umkehren, wenn der Blütenstempel gerade besetzt ist. Weiter flöge, um einen anderen zu finden. Und was, wenn alle Blütenstände besetzt wären rings um? Noch hat sie genug Kraft zu fliegen. Ihrer Natur nach ist sie geborene Arbeiterin. Frau Königin lässt sich besamen. Der Mann stirbt, nachdem er sein Geschäft erledigt hat. Frau hockt derweil auf den Eiern und lässt sich bedienen. Will Mann eine solche Frau? Ehrlich. Will Frau nur auf ihren Eiern sitzen?

Jeder hat seine eigene Art, mit den Dingen umzugehen. Die Welt zu sehen aus seiner Sicht. Darüber nachzudenken, ob es die beste für ihn ist. Oder ob er sie verbessern kann. Schöner, freundlicher. Jeder auf seine Art und Weise. Mann mit Entschlossenheit. Frau mit Herz und Verstand. Deshalb braucht es die Verschiedenheit. Nur beides, so anders ein jedes ist, findet den Weg. Miteinander auszukommen. Sich zu lieben, jedes auf seine Art. Hoffnung zu haben. Et es noch immer joot jejange. Kölner Merksatz Nummer zwei: Es ist noch immer gut gegangen. Allen wirklichen oder denkbaren Rätseln und Enttäuschungen zum Trotz.

„Es ist noch immer gut gegangen" nicht nur kölnischer Optimismus. Obwohl echte Kölner sich gerne in die Tasche lügen. Es ist unbewusste Autosuggestion. Sich Mut machen die innere Stimme. Auch wenn die Wirklichkeit finstert und kein Licht am Horizont zu sehen ist. Diese poetische Pirouette hilft.

Einerseits sieht auch der Kölner, wat loss es drümmerüm un innedrin. Dem singer Fru. Was alles passiert um ihn herum und in seinem Innern. Und dem seiner Frau.

Andererseits manipuliert sein Innerstes die Wirklichkeit um. Optimismus statt Ehekrach wegen Andersartigkeiten. Ja, Optimismus könnte dem Verhältnis von Mann und Frau gut tun. Energien frei setzen,

Andersartiges auszuhalten. Sogar schön zu finden. Anregend. Entdecken, wie glücklich gerade dieses Andere machen kann. Bei gegenseitigem Respekt.

Freiheit kann Mann und Frau nicht schöner praktizieren. Üben wir es tagtäglich. Bevor Robotertechnik den künstliche Menschen perfektioniert. Jetzt schon kann ein Roboter der Frau Blumen schenken wie ein verliebter Mann. Bald mit ihr schlafen. Japanische Forscher arbeiten an diesem Projekt mit Hochdruck. Sie wollen den perfekten Menschen schaffen. Den man einschaltet und ausschaltet. Ohne Rätsel und Komplikationen fürchten zu müssen.

Der scheinbare Fortschritt ist ein Rückschritt. Zurück in die Zeit, als Priester und Hexen Menschen zwangen zu tun, was sie verlangten. In Gottes und Dreiteufelsnamen. Eine rätselhafte Frau ist mir lieber. Heute und alle Tage meines Lebens. Ihnen auch? Also auf denn! Mann suche das Universum Frau. Sollte sich aber nicht wundern, dass sie ihn darin bereits erwartet. Im verlorenen Paradies?

Über den Autor

Otto W. Bringer, 89, vielseitig begabter Autor. Malt, bildhauert, fotografiert, spielt Klavier und schreibt, schreibt. War im Brotberuf Inhaber einer Agentur für Kommunikation. Dozierte an der Akademie für Marketing-Kommunikation in Köln. Freie Stunden genutzt, das Leben in Verse zu gießen. Mit 80 pensioniert und begonnen Prosa zu schreiben. Sein Schreibstil ist narrativ, "ich erzähle" sagt er. Seine Themen sind die Liebe, alles Schöne dieser Welt. Aber auch der Tod seiner Frau. Bruderkrieg in Palästina. Werteverfall in der Gesellschaft. Die Vergänglichkeit aller Dinge, die wir lieben. Die zwei Seelen in seiner Brust.

Weitere Bücher von Otto W. Bringer

"**ROSE LEBT**": Wieder auferstanden in diesem Buch. Lebendig in Bildern und Liebesbriefen an die Verstorbene.
Taschenbuch mit 230 Seiten und 15 Fotos

"**MALLORCA mit allen Sinnen**": Land und Leute kennen und lieben gelernt. Das Meer, die Buchten, in Finkas gewohnt und in Nobelhotels. Mit Einheimischen gefeiert.
Taschenbuch mit 212 Seiten und 21 Fotos, auch als ebook lieferbar

"**ITALIEN mit allen Sinnen**": Die Wiege abendländischer Kultur. Ziel ihrer Sehnsucht, Menschen kennenzulernen. Zu sehen, zu erleben, was Kunst ist. Einschließlich kulinarischer Genüsse.
Taschenbuch mit 242 Seiten und 21 Fotos, auch als ebook lieferbar

"**FRANKREICH mit allen Sinnen**": Nachbarland, in dem Geschichte lebendig ist. In römischen Theatern, Klöstern und Königsschlössern. Kultur eingeatmet, Geschichte hautnah erlebt. Sterneküche und Bistros genossen.
Taschenbuch mit 220 Seiten und 30 Fotos, auch als ebook lieferbar

"ZUHAUSE – Wo?" Autobiographie, eine lange, detailreiche Geschichte. Mit Niederlagen und Siegen. Überraschenden Höhepunkten und geplanten Erfolgen. Liebe und Tod die Eckpunkte allen Geschehens.
Taschenbuch mit 443 Seiten

"GESICHTER das Rätsel hinter den Fassaden"
Alles hat ein Gesicht. Essays über Pharaos Goldmaske, Jesus von Nazareth, Karl der Große, Goethe, Adenauer, Marilyn Monroe u.a. Ein Hund, Landschaft, Städte und der Autor selbst im Spiegel. Findet er des Rätsels Lösung?
Taschenbuch mit 250 Seiten und 18 Abb.

"AUGE um AUGE": Roman über den Konflikt zwischen Juden und Palästinensern. Politische und gesellschaftliche Probleme. Ein Mann und zwei Frauen darin verwickelt. Eine von ihnen ist Jüdin. Engagiert mit ihrem Freund für Versöhnung. Sie lernen sich kennen und das Drama nimmt seinen Verlauf. Tote auf allen Seiten. Ein Mann, eine Frau bleiben und ein dreijähriges Kind.
Taschenbuch und Hardcover mit 286 Seiten, auch als ebook lieferbar

"**PORCUS – das charakterlose Schwein**" Fast ein Krimi. Lebenslauf von Gymnasiasten, die sich mit lateinischem Namen ansprechen. Porcus einer, der sie verpetzte, als sie in der Pause mit Mädchen schmusten. Später versuchte er einen von ihnen zu töten. Was ihm nach vielen schlimmen Ereignissen zum Schluss auch gelang. Weil er einen schlechten Charakter hatte?
Taschenbuch mit 161 Seiten

"**Fräulein QUAKIS Versuche ein Mensch zu werden**". Geschichte einer Freundschaft zwischen einem kleinen Mädchen und einem Froschfräulein. Was so hoffnungsvoll begann, endet in einem Desaster. Alle Versuche Deutsch zu lernen scheitern. Wundermittel, Wallfahrten und Gentransplantion bleiben erfolglos. Sie bleibt ein Frosch. Und endet nicht wie der Frosch in Grimms Märchen.
Taschenbuch mit 64 Seiten

"**ADIEU** – Nichts bleibt und lieben wir es noch so sehr." Kurzgeschichten von Menschen, die Geliebtes verloren. Oder darauf verzichten mussten, weil es nicht mehr gab, was sie liebten. Oder nachlassende Körperkraft keine Berge mehr bezwang. Ein Unglück alles änderte. Kurzgeschichten über 38 Schicksale, wie sie jedem passieren könnten.
Taschenbuch mit 127 Seiten, auch als ebook lieferbar